少年经济学1

[韩] 金琴咏 著
[韩] 郑珍炎 绘
杨名 译

广东经济出版社
·广州·

果麦文化 出品

目 录

像福尔摩斯一样，寻找隐性价值 …………………………………… 1

介绍一下实验经济班的朋友们 …………………………………… 5

"你为什么来到实验经济班？" …………………………………… 8

第一章 选择的学问：
所有经济问题都从"选择"开始

❶ 材料越稀少，价格就越贵 ………………………………… 15
　　| 通过比萨游戏了解稀缺性的意义

❷ 选择和放弃是同时发生的 ………………………………… 25
　　| 游乐园中的利润和机会成本

❸ 为什么第一口巧克力派最好吃？ ………………………… 41
　　| 生活中常见的边际效用感受

❹ 人多一定力量大吗？ ……………………………………… 49
　　| 在纸飞机工厂了解劳动边际产量

第二章 "看不见的手"：决定价格的秘密

❶ 竞价逐渐升高的英式拍卖 ················· 75
　　| 在艺术品拍卖中了解需求曲线和支付意向价格

❷ 竞价逐渐降低的荷兰式拍卖 ················· 85
　　| 在鲜花拍卖中了解需求的价格弹性和价格差异

❸ 需求和供给：控制价格的"看不见的手" ············· 94
　　| 苹果市场中的均衡价格决策

❹ 供需变化引起价格暴涨 ··················112
　　| 苹果市场中的均衡价格波动

第三章 当"看不见的手"失效：隐藏在各种市场中的经济原理

❶ 垄断联盟注定崩溃吗？ ··················137
　　| 通过校服市场观察垄断市场

❷ "老字号"为什么可以卖得贵一点？ ············152
　　| 炒年糕市场中的垄断和竞争

❸ **为什么总是买到坏的二手车?** ·················**157**
  | 二手车市场中的信息不对称和逆向选择

❹ **如何选到好的二手车?** ·························**171**
  | 在"柠檬市场"中学会信号发送和筛选

❺ **胜者不一定都是赢家** ···························**181**
  | 通过拍卖玻璃瓶中的回形针,了解胜者的不幸

第四章 | 管理金钱的学问:好习惯,好生活

❶ **观察资金的流动** ································**193**
  | 通过 in and out 游戏,学一学收入支出管理法

❷ **消费和储蓄是一辈子的事** ·····················**202**
  | 通过解决"韩消费"的问题学会财务设计

❸ **建立自己的消费原则** ···························**216**
  | 要想阻止冲动消费,就像奥德修斯一样

❹ **把经济学用起来** ································**228**
  | 通过无人集市,身临其境学习经济原理

像福尔摩斯一样，寻找隐性价值

在阿瑟·柯南·道尔（Arthur Conan Doyle）的《福尔摩斯探案全集》系列故事中，有一篇《银色马》，讲的是福尔摩斯受委托寻找被盗的昂贵赛马的故事。福尔摩斯在调查时注意到"院子里的狗在案发时间没有做出任何行动"，这意味着小偷是平时经常出入那里的熟人。这个发现对破解案件起着决定性的作用。

就像小说中其他人没有察觉到狗没有叫一样，现实中很多人也经常错过隐性价值。当然，像福尔摩斯那样，既能发现隐性价值，又能通过逻辑推理判断现实情况并不容易。怎样才能像福尔摩斯一样思考和判断呢？先来看两个问题吧。

1. 闹钟坏了,需要重新买一个。大小和功能相同的闹钟,在家门口的 A 超市卖 100 元[1],在离家 30 分钟步行距离的 B 超市卖 50 元。在哪个超市买闹钟比较合适呢?
2. 需要购买平板电脑。家门口 A 超市的售价为 4000 元,30 分钟路程的 B 超市的售价为 3950 元,你会在哪里购买呢?

乍一看,这似乎是两个简单的小问题,但令人惊讶的是,这些问题是在大学数学能力模拟测评中出现的。应该怎样考虑这样的问题呢?

有像福尔摩斯一样已经发现秘密的朋友吗?没错!其实这些问题都没有标准答案。两个问题选择 B 超市可以节约 50 元,但需要花费 30 分钟的时间。换句话说,如果你 30 分钟的价值大于 50 元,就选择 A 超市,如果低于 50 元,就选择 B 超市,这才是合理的。

我总是在实验经济班的第一节课上问这两个问题。有趣的是,刚开始很多学生回答第一题时会说,在便宜 50%

---

[1] 原书中出现的韩元金额,全部按照 1000 韩元 =5 元人民币的近似比例换算成人民币。

的 B 超市购买；而回答第二题时则说，因为 B 超市的价格折扣率低，所以会在 A 超市购买。但是随着深入学习经济学，他们才逐渐发现不能只考虑折扣率。

我们通过这本书培养的就是这种能力——在决定或开始做某事时考虑为了此事而放弃的东西的判断力，即"经济思维"。我们可以带着寻找隐性价值的眼光去观察世界，更好地理解生活中的各种现象，如果能提高经济思维能力，你就可以从多角度观察问题，并且有逻辑地解决问题。

这本书记录了我在实验经济班上课的内容。实验经济班课堂有时会变成二手车市场，有时又化身艺术品拍卖场。在那里，学生们投入各自的经济状况和角色中，一边学习，一边在乐趣中体会经济原理，通过经济思考独立解决问题。"实验经济班"这个名字的意思也是通过亲身体验来学习：通过有趣的实验和游戏，体验生活所必需的基础经济理论。

还有一些经济学中不可或缺的数学概念，在实验经济班中会以有趣的主题问答形式展开教学，就像在平时生活中，特别是模拟的经济环境中玩游戏一样。

微分、函数、概率……如果你也是一提到这些概念就头疼的话，那么通过这本书，我们可以很容易地理解生活中为什么需要数学，以及如何灵活运用这些概念。

不知不觉，实验经济班已经开办 13 年了。一批又一批的毕业生从这里走向社会，他们有的参与了经济政策制定，有的活跃在国际经济、医疗、法律等多个领域。除此之外，还有很多学生通过学习做出了合理的判断和明智的选择，最终找到了心仪的学校或职业，过上了属于自己的生活。

希望你也能和实验经济班的孩子们一起，享受经济思维的乐趣，愉快地掌握数学概念，像福尔摩斯一样，拥有读懂世界的力量。

那么，就从现在开始吧！

介绍一下实验经济班的朋友们

金娜英（娜老师）

别看我性格沉稳，平时又很安静，但我对经济教育充满热情。在实验经济班里，我是拍卖师、总统等，帮助学生们积极参与实验和游戏，让他们轻松有趣地理解经济学概念。

在妍　长大后想成为政治学家

我喜欢记录，每天学到的内容我都会仔细记录、整理。我从小就对公正和正义很感兴趣，也用这样的视角看待各种社会问题。因为深知经济是我们生活的重要基础，所以我进入了实验经济班。我的梦想是成为政治学家。

善雅　长大后想成为经济官员

我听了实验经济班的课程，就喜欢上了各种经济理论，立志要成为经济官员，助力经济实现稳定增长。大家都说我谨慎又安静，关键时刻能抓住重点。

昌珉　长大后想成为数理统计学家

看过我算数的人都会大吃一惊，因为我算得又快又准；我喜欢开玩笑，想说的话绝不憋在心里，有时会让别人尴尬。我的梦想是成为数理统计学家。

景浩 `长大后想成为整形外科医生`

我擅长快速分析利弊，然后行动。我的梦想是成为整形外科医生，但我认为无论做什么工作，都要了解经济，所以参加了实验经济班。

诗贤 `长大后想成为产业设计师`

我喜欢艺术，很感性，本来想进设计班，但是因为名额满了，所以来了实验经济班。我刚开始上课很不积极，随着学习的慢慢深入，逐渐对经济学产生了兴趣。我渐渐喜欢上了与人们心理相关的经济营销和设计，以后的目标是成为产业设计师。

宰俊 `长大后想成为程序员`

我精通电脑等各种机器设备，上课所需的器材都是我帮忙管理的。我很诚实，偶尔会义愤填膺，看到不公正的行为，即使之后会对自己造成影响，也要纠正。我的梦想是成为一名程序员。

圭贤 `长大后想成为法律人`

在我的字典里，遵守规则是最重要的，如果身边有耍小聪明的朋友，我会严肃地劝告他。我希望自己以后能成为一名法律人。我对税法尤其感兴趣，目前正在研究理想的征税制度。

实验经济班

"你为什么来到实验经济班？"

娜老师小心翼翼地打开教室门，七位同学同时望向她。

"孩子们，你们好！我是实验经济班的老师金娜英。很高兴认识大家！"

景浩和昌珉咚咚地敲着桌子说："我们也很高兴认识您！"

"以后请多多关照。大家轮流说说参加实验经济班的原因吧？"

景浩最先回答："我想通过学习经济学来学习分析利弊！"

"喂，你还是老样子啊？"昌珉在旁边调皮地说。

"学习经济原理，可以权衡哪些行动给我们带来多少利益、产生多少费用。景浩你来得正好。"

"我从小就喜欢数字。最近大数据、统计学这些领域不是很火吗？要想掌握数据，就需要统计，而且要想利用这些数据预测未来，就要学习经济学。于是我就来了。"昌珉说话时有点吊儿郎当的。

"在大数据、人工智能等带来的第四次工业革命中，人们对统计学的关注度越来越高，昌珉能做的事情应该很多吧！现在经济金融领域的很多技术也都是以统计为基础的。大家听说过robot-advisor（机器人robot和投资顾问advisor合成的单词）吗？robot-advisor是一种系统，可以根据个人喜好推荐投资产品，帮助人们管理资产。如果了解经济的话，对昌珉想做的事情会有很大的帮助。欢迎！"

"我本来想去设计班，但是因为石头剪刀布输了，所以来到了这里。我对数字和经济没啥兴趣，更喜欢绘画和设计。"

"诗贤原来想去设计班啊。经济学学习对设计也有帮助。比如，汉堡店不是有装炸薯条的纸盒吗？那里就隐藏着经济学的设计。"

娜老师用电脑搜索薯条包装纸盒的照片给孩子们看，接着说："纸盒的底部凹进去，从正面看，顶部也是凹下去的，对不对？这是为了让盒子里的炸薯条看起来量更多。装得少，看起来多，可以说是经济型的设计吧。颜色用红色，让薯条看起来更好吃。经济思维也会对设计有所帮助。"

接下来轮到圭贤,她一板一眼地说:"我对税法很感兴趣。研究理想的税收制度是不是需要经济知识?所以我来了!"

"圭贤已经有具体的梦想了。税收是经济中不可或缺的重要部分。欢迎!"

认真写下什么的在妍抬起头,看着娜老师,好像有话要说。

"在妍也来说一下吧?"

"我想成为政治学家。小时候读卢梭的书,对公正性和社会正义产生了浓厚的兴趣。不论是政治还是什么,我们社会的根本不是经济体吗?我要学习经济,实现梦想。"

在妍用清脆的声音说出了自己的梦想。

"原来如此,在妍说得对。经济融入了生活的方方面面。让我们一起来探讨各种经济问题吧。还有谁没说呢?"

娜老师环顾一圈,宰俊笑嘻嘻地做着拒绝的动作,避开了娜老师的视

线。善雅和娜老师对视了一眼,犹豫了一下,严肃地说:"老师,我没有什么特别的梦想。我比较喜欢生物和化学,到去年为止一直想当医生。但是看到身边发生的医疗事故就放弃了这个想法。我对社会相关科目并不感兴趣,只是觉得学一下经济学也不错,所以就参加了。"

善雅的表情非常严肃。

"善雅本来的目标是成为医生,但也没有失去对其他领域的好奇心。保持好奇心是一件好事。宰俊不想说点什么吗?实在不想说也没关系。"娜老师点头说道。

"我想成为程序员。实验经济班是妈妈让我来的。不过,'实验'这个词也确实有点吸引人。"宰俊似乎鼓起了勇气,挠着头回答。

"好吧,不管大家是因为什么来参加实验经济班,让我们一起愉快地学习,了解隐藏在生活中的经济原理吧!欢迎大家!"

"老师,为什么社团的名字叫实验经济班呢?实验是指什么?"宰俊问道。

"因为从下次课开始,我们会通过有趣的实验和游戏来了解经济理论,敬请期待。好,这节课就到此结束,下次再见!"

第一章

选择的学问：
所有经济问题都从"选择"开始

1

材料越稀少，价格就越贵
通过比萨游戏了解稀缺性的意义

"上课第一天，一起做比萨怎么样啊？"娜老师愉快地说。

"什么？在这里吗？没有比萨材料和烤箱，怎么做呢？"景浩问道。

"材料在这里。但不是所有人都能完成比萨。先分组坐下来吧，两三个人一组。"

过了一会儿，大家按照"景浩 - 昌珉""善雅 - 在妍 - 圭贤""诗贤 - 宰俊"分成三组坐下了。娜老师翻了一下书包，翻出一捆捆用橡皮筋捆起来的小照片，分给三个小组。

"哇，是钱！要是没有样品标识，就更像真的了！"

大家一边打开橡皮筋，一边讨论起来。

"这些钱是一会儿购买比萨材料用的。大家确认一下一共是不是 125 元。"

"是的，是 125 元。"

"从现在开始，我就不是娜老师了，我是比萨材料的拍卖师。我宣布，以 5 元为最小单位，各小组根据自己心目中的价格出价竞拍，最终出价最高的一组成交。"

娜老师在黑板上写下了做比萨需要的材料和拍卖的比萨材料。

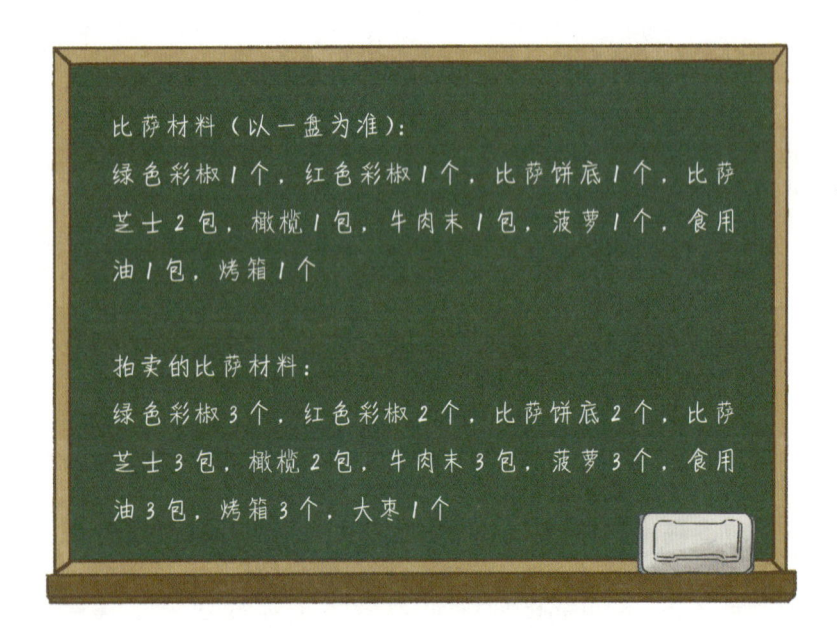

比萨材料（以一盒为准）：

绿色彩椒1个，红色彩椒1个，比萨饼底1个，比萨芝士2包，橄榄1包，牛肉末1包，菠萝1个，食用油1包，烤箱1个

拍卖的比萨材料：

绿色彩椒3个，红色彩椒2个，比萨饼底2个，比萨芝士3包，橄榄2包，牛肉末3包，菠萝3个，食用油3包，烤箱3个，大枣1个

"同学们！拍卖师娜老师向大家问好。我先告诉大家规则。每个小组都要用手中的预算完成一盘比萨。只要把黑板上的'比萨材料'全部集齐就大功告成了。缺任何一份材料都不能完成比萨，知道了吗？啊！还有，组与组之间不能进行材料交易，请务必通过拍卖购买材料！那么，我们开始拍卖吧。首先是绿色彩椒。好，需要绿色彩椒的小组，请出价！"

5元！

10元！

15元！

为了拍得一个绿色彩椒，孩子们的声音越来越大。

没有出更高价的了吗？恭喜诗贤－宰俊组，拍得绿色彩椒。

娜老师把绿色彩椒给了诗贤－宰俊组，第一个绿色彩椒以15元的价格成交。

下一个绿色彩椒，再次开始竞拍。

5元!

……

没有人参加竞拍了吗?成交,恭喜景浩和昌珉!

娜老师把绿色彩椒给了景浩-昌珉组,并得到了5元。最后一个绿色彩椒也以5元的价格成交给了善雅-在妍-圭贤组。牛肉末、菠萝、食用油、烤箱各以5元的价格成交。

现在开始拍卖红色彩椒。只有两个呢!竞争好激烈啊。来,第一个红色彩椒,拍卖开始!

20元!

25……

拍卖金额每次上涨5元,善雅想要出价25元,在妍在旁边急忙劝阻。娜老师又看了一眼孩子们,看看有没有其他举手竞价的,然后微微一笑。

真的没有人出25元吗?那么景浩-昌珉组以20元的价格买到了第一个红色彩椒。第二个红色彩椒,开始拍卖!

拍卖价格迅速上涨了 5 元。诗贤和宰俊首先出价 25 元，周围一下子安静了下来。

最后一个红色彩椒，还有想要的吗？
（举手）30 元！
善雅，太贵了！
这次买不了，比萨就完成不了了！
30 元价格出现啦。还有人加价吗？
（急急忙忙）35 元！
那我们 40 元！！

两个小组的激烈竞争十分扣人心弦。

45 元！
……50 元！

娜老师看向一旁的诗贤，诗贤摇摇头。

最后，第二个红色彩椒被善雅－在妍－圭贤组拍到了！

两包橄榄分别以 10 元和 15 元成交,两个比萨饼底分别以 15 元和 10 元成交。现在只剩下比萨芝士和大枣了。到目前为止,买齐所有材料的是景浩－昌珉、善雅－在妍－圭贤两个组。

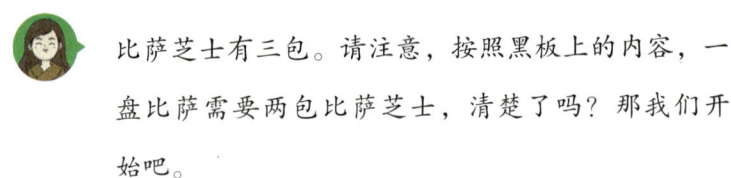

比萨芝士有三包。请注意,按照黑板上的内容,一盘比萨需要两包比萨芝士,清楚了吗?那我们开始吧。

10 元!

15 元!

20 元!

25 元!

娜老师看了看景浩,景浩摇了摇头。

好的,比萨芝士以 25 元成交。接下来是第二包比萨芝士!

5 元!

10 元!

娜老师看了看善雅。

🔴 我们没钱了。

🟢 其他人呢？那10元成交？（等了一会儿后）景浩-昌珉组以10元成交。那么，最后一包比萨芝士竞拍开始！

🟢 5元！

景浩喊完后，教室里鸦雀无声。

🟠 不论如何，其他材料都买不到了。

最后一包比萨芝士也被景浩-昌珉组拍得。

🟢 那么，我们开始拍卖最后一件商品吧。大枣！哎哟，这可是本次拍卖独一份的大枣啊，难道没人想买吗？

没有任何一组出价竞拍。

做比萨游戏

WINNER!	GAME OVER	GAME OVER
昌珉　景浩	善雅　在妍　圭贤	诗贤　宰俊
￥40	￥0	￥90

资源的稀缺性，
明明只有一个，大枣为什么这么便宜呢？

"拍卖要结束了，有完成比萨的吗？"

"我们！"景浩和昌珉起身击掌尖叫。

"我们集齐了比萨材料，还剩40元呢！"

"景浩-昌珉组的配合很好啊！祝贺你们！"

娜老师把笔记本递给了景浩和昌珉作为获胜奖品。

"孩子们，不觉得奇怪吗？大枣只有一个，为什么没人买呢？还有，牛肉末和比萨芝士都有三包，但为什么比萨芝士卖得更贵呢？"

"嗯……大枣嘛，因为不需要，所以没人买。"诗贤说。

"牛肉末、绿色彩椒、烤箱呢，我们是三个组，每个组都需要一个，不会不够，所以最低5元就可以买到。一开始用高价买绿色彩椒的诗贤他们简直是冤大头。"景浩望着诗贤说道。

"喂，你说什么？"诗贤和宰俊同时瞪着景浩说。

"啊不是，不是冤大头！但是绿色彩椒确实用5元就能买到。"景浩耸耸肩说道。

"是啊。因为牛肉末也是每组一份的材料，一共有三包，每个小组都可以买到，所以没有激烈的竞争。同样是三包的比萨芝士，因为一盘比萨需要两包芝士，竞拍起来就一定很贵。最后一包比萨芝士因为没有竞争者，所以只卖到了5元。"在妍看着记事本说道。

"是的，掌握得很好。那么红色彩椒为什么卖得这么贵呢？"

"这个也不够。红色彩椒是两个，三个组都需要！所以即使花高价我也买了。"善雅说。

"实验经济班的同学们，你们从第一天开始就很了不起啊！大家听说过'稀缺'这个词吗？"

"听过，稀缺就是少的意思吧？"圭贤说。

"不，只对了一半。大枣只有一个，不是也没人买吗？这种情况不叫稀缺。相反，红色彩椒和比萨芝士的量虽然比大枣多，但比各组需要的量加起来要少。这种情况才叫稀缺，稀缺性。"

"啊，就是说，稀缺性是指'与人们想要的量比起来还不够的意思'吧？"在妍一边整理娜老师的话，一边说道。

"在妍说得对。稀缺不是绝对的量少，而是比人们想要的量更少。少得越多，稀缺程度越高。如果我们的钱、时间等各种资源都充足就好了，但实际上做不到。所以这些叫作稀缺资源。我们有很多时候需要选择，这可以说是所有经济问题的出发点。好，下一节课我们来了解一下在资源不足的情况下，如何明智地判断和选择，还有选择的方法。今天的课到此结束！"

2

选择和放弃是同时发生的

游乐园中的利润和机会成本

"我们的人生是 B 和 D 中间的 C！"

听到娜老师的话，孩子们感觉莫名其妙，呆呆地看着娜老师。

"birth 和 death 之间的 choice！我们的人生就是一连串的选择。这是一位名叫让－保罗·萨特（Jean-Paul Sartre）的法国哲学家说的。今天的主题是'选择'！"

"我们的人生确实是一连串的选择。我在纠结中午吃炸酱面还是汉堡包。"

"他总是说吃的。今天自习时我做了要学英语还是数学的选择。"昌珉开玩笑似的接着景浩说。

"我们做事情的时候,经常要做出选择。吃什么、先做什么、去哪里度假……如果我们有无数的金钱、时间等资源会怎么样呢?"

"没有必要选择。都做不就行了嘛。"圭贤回答道。

"是的,上次玩做比萨的游戏时,我们发现资源跟自己想要的相比不足,即因为稀缺性,出现了需要选择的问题。今天我们会思考在资源不足的情况下,应该以什么标准来选择,以及怎么选才不后悔。"

"啊,那今天只学习吗?不玩游戏吗?"诗贤失望地说。

"怎么可能,今天我们都要成为游乐园里的老板!"

"噢耶,居然要当老板啦!"

"那今天也分组坐吧。"

这次是分成景浩-宰俊、在妍-善雅、昌珉-圭贤-诗贤三组。

销售额和利润,
游乐园应该入驻哪些餐厅呢?

娜老师递给每个小组一张纸。

"这是游乐园的地图。游乐设施之间能看到4个空位,对吧？今天的任务就是在那里开餐厅。"

"啊，原来是这里啊！过山车旁边，旋转木马旁边也有。"宰俊看着游乐园的地图说。

"每个空位都可以入驻一个餐厅。想入驻的餐厅在这里选择就可以了。"

娜老师把纸递给每个小组，上面印着餐厅的名字。纸的正面印着"美味炸鸡""炸酱面""那不勒斯比萨""yummy烤肉"，背面印着"辣炒年糕""甜甜的甜点""辣饺子汤""墨西哥卷饼"。

"纸片的正反面印有8家餐厅的名字。大家要从中选择4个贴到游乐园地图上。随便选不是实验经济班的风格吧？我提前做了市场调查。每家餐厅一周的预期销售额和运营成本，大家可以参考这张表格（表1-1）。"

娜老师把表格展示在教室屏幕上。

表1-1 餐厅一周的预期销售额和运营成本

餐厅	销售额	运营成本	利润	餐厅	销售额	运营成本	利润
美味炸鸡	20000元	5000元		辣炒年糕	17500元	1500元	
炸酱面	21000元	6000元		甜甜的甜点	20000元	2500元	

续表

餐厅	销售额	运营成本	利润	餐厅	销售额	运营成本	利润
那不勒斯比萨	15000元	2500元		辣饺子汤	17000元	5000元	
yummy烤肉	24000元	9000元		墨西哥卷饼	19000元	3500元	

"表格怎么五颜六色的？"诗贤说。

"颜色不一样是有原因的。"

"呃，'美味炸鸡'的背面印着'辣炒年糕'，'炸酱面'

的背面印着'甜甜的甜点'。印在同一张纸上的餐厅用的是一样的颜色吗？这样的话，就不能随便选了。"圭贤一脸惊讶地说。

"要在相同颜色的两家餐厅中选择一家。选择一个，就要放弃一个吧？"

"销售额、运营成本？听说过这些词，但不知道具体是什么意思。"宰俊挠着头说。

"15元一碗的炸酱面，卖10碗能收多少钱？"

"当然是150元了。"

"这就是销售额。任何商品的销售额,都可以看作'价格×销售量'。但是卖10碗炸酱面的话,会有150元的利润吗?"

"不会,做炸酱面需要面粉和猪肉,而且如果有服务员,还要发工资。"

"是的,只有除去运营所需的成本,才能获得真正的利润。从销售额中扣除运营成本得到的部分就叫作'利润'。"

"要在'美味炸鸡'和'辣炒年糕'中选择一个,比较一下两家餐厅的利润就可以了吧?"

"好,那我们按小组决定一下在哪个位置安排哪家餐厅吧。开始!"

大家你一言我一语地讨论起来。

"先计算利润吧。各家餐厅的预期利润!"

"好吧,我记在那张表上。老师,可以用一下电脑吗?我想在表格上计算一下利润。"

景浩和宰俊一起计算并完成了表格(表1-2)。

表 1-2 餐厅一周的预期利润

餐厅	销售额	运营成本	利润	餐厅	销售额	运营成本	利润
美味炸鸡	20000元	5000元	15000元	辣炒年糕	17500元	1500元	16000元
炸酱面	21000元	6000元	15000元	甜甜的甜点	20000元	2500元	17500元
那不勒斯比萨	15000元	2500元	12500元	辣饺子汤	17000元	5000元	12000元
yummy烤肉	24000元	9000元	15000元	墨西哥卷饼	19000元	3500元	15500元

"首先，黄色的一组应该选择'辣炒年糕'。'美味炸鸡'的销售额更高，但考虑到运营成本，'辣炒年糕'的利润更高。然后，橘黄色组是'甜甜的甜点'利润更高。"

"可我更想吃炸酱面呀！"

"呀，要多赚钱啊！你想开炸酱面店吗？炸酱面在家经常吃。"

景浩和宰俊为了实现利润最大化，选择了一家餐厅，并贴在了游乐园地图上。娜老师悄悄走到在妍-善雅组旁边，听到她们正在认真讨论。

"入驻餐厅的位置也很重要。"

"骑旋转木马主要是小孩子，比起辣炒年糕，他们应该更喜欢吃比萨吧？在旋转木马旁边安排比萨店怎么样？"

"好吧，就这样吧。炒年糕、甜点、比萨和卷饼都是小孩子或者咱们这样的学生才喜欢的吧？如果我们每个空位都选这些利润高的，就没有成年人喜欢的餐厅了。应该要有一家餐厅卖像烤肉或辣饺子汤这些大人们喜欢的吧？"

"是的，这些是只考虑预期利润选择的餐厅。从长远来看，至少要有大人喜欢的小吃，父母们才会经常带着孩子来游乐园。"

这时娜老师也加入了讨论。

"哇，正在讨论中啊！我们假设这些餐厅的销售额和运营成本在任何位置都一样，但实际可能不是这样。"

"是的，没错。因为每个游乐设施的特点都不一样。所以我们打算在孩子们经常坐的旋转木马旁边放'那不勒斯比萨'。"

"过山车经常是像我们这样的学生或姐姐哥哥们乘坐的，所以我们最爱的小吃放在这里怎么样？令人纠结的是，炸鸡和炒年糕都是我非常喜欢的小吃，不知道该放弃哪一个。"在妍问善雅。

"我两个都喜欢。但是咱俩都经常吃炸鸡，所以选了'美味炸鸡'。我们的利润是多少呢？"

"销售额是 20000 元，除去运营成本，可以赚 15000

元。能剩下这么多利润的话,不也是不错的买卖吗?"

"善雅,你不能光这么想。也要考虑我们放弃的东西啊!"在妍耸了耸肩说道。

"放弃的?啊,炒年糕?"

听到善雅的话,在妍用手指发出了"OK"信号。

"刚才善雅和在妍进行了非常有意义的对话!"

"我们也在炸鸡和炒年糕之间非常纠结。"听了娜老师的话,旁边的诗贤说。

"大家好像都在为选择'美味炸鸡'还是'辣炒年糕'而苦恼。"

实验经济班的孩子们都点头表示同意。

"偏偏把两个我们最喜欢的小吃放在一起,所以不得不选一个!"

"没错,生活中也会经常遇到这种选择。这个时候,应该同时考虑'放弃的价值'。"

机会成本,
包含了眼睛看不到的成本

"放弃的价值吗?"

"'辣炒年糕'的利润就是放弃的价值吧？"

诗贤和善雅接着说。

"对，每个人选择的标准可能都不一样，但这次游戏中最看重的是利润。如果选择'美味炸鸡'，大家考虑一下：在20000元的销售额中除去5000元的运营成本，剩下15000元的利润，这是合理的选择吗？"

"当然不是了！如果选择'辣炒年糕'的话，利润应该是16000元。"在妍用清脆的声音说。

"哇，真聪明。我们周围的人，在考虑成本的时候，经常只考虑看得见的成本，也就是实际花的钱。但是如果在各种方案中选择一个的话，不就会有方案被放弃的吗？在那么多被放弃的备选方案中，也包括最可惜的价值，这就是经济学上成本的概念。包括这种看不见的成本在内的经济成本称为'机会成本'。"

"机会成本？是放弃机会产生的成本吗？"

听了娜老师的说明，在妍很得意。圭贤对"机会成本"这个词好像格外关心。

"因为选择了炸鸡店，所以放弃了辣炒年糕店。经营炸鸡店可以产生15000元的利润，但如果选择辣炒年糕店的话，可以获得16000元的利润，机会成本相当于16000元。那么，从经济角度来看，这相当于损失了1000元。炸鸡店运营的经济利润是 –1000 元，前面'销售额 – 运营成本'的 15000 元是会计利润，在经济学上更有意义的是经济利润。"

"哇，怎么觉得有点复杂啊？"

"可能是因为出现了一些陌生的词。今天就记住这个概念吧！所有选择都是有代价的！选择的时候也要考虑放弃的价值。"

"我听过'天下没有免费的午餐'这样的话，感觉很像！"善雅说。

"是啊，天下没有免费的午餐。下课了！"

"老师，给我们买点炸鸡吧。太想吃了！"

经不住孩子们的软磨硬泡，娜老师和实验经济班的孩子们一起去了炸鸡店。

无视沉没成本吧！

当实验经济班的同学们对着刚出炉的、热乎乎的炸鸡咂嘴时，娜老师提出了一个莫名其妙的问题。

"左边的炸鸡，用的是老板在进货商那里以 20 元的特价买的鸡。当老板回到店里，想去进货商那里再买一些的

机会成本

时候，这种特别优惠的鸡已经卖完了。所以，虽然是一样的鸡，但是右边的炸鸡是用40元买来的鸡做的。你们想吃哪边的炸鸡？"

"什么？真的吗？"

"怎么可能是真的？我都可以。听说是一样的炸鸡？"对于昌珉的反应，景浩说道。

"哇，景浩会无视'沉没成本'啊？"娜老师说。

"什么？沉没成本吗？"

"在选择炸鸡的时候，用多少钱买来作为材料的鸡并不重要。不管是花20元买的还是花40元买的，都是已经支出的费用。现在选择时，不能收回的成本就叫沉没成本。在选择时没有必要考虑沉没成本。"

"什么，那不是理所当然的吗？"景浩说。

"有时候沉没成本会影响判断，让人无法做出合理的选择。我也有过类似的经历。有一次，我买了歌剧演出的门票，偏偏演出那天感冒了。听说演出当天不能退款，由于不想浪费票价，所以我坚持去看了。结果看歌剧的时候一直忍着咳嗽，都没法好好看，回来后就发烧，感冒更严重了。"

"啊，当时的票价是沉没成本。那天老师应该在家休息，是因为不想浪费才没有忽略沉没成本啊。"

"去自助餐厅的时候,为了捞回本钱而勉强吃东西也是为了沉没成本。因为舍不得已经花掉的钱,所以即使吃饱了还要再吃,一直吃到拉肚子!我也那样过。"

在妍和昌珉接着说。

"现在选择就不要考虑沉没成本了。我们吃炸鸡怎么样?"

听到娜老师的话,大家大声喊着"我开动了",一把拿起炸鸡。

数学帮帮忙

* 经济概念：理性选择，机会成本，沉没成本，利润
* 数学概念：比例，百分比

Q1. 诗贤购买的演唱会门票要卖多少钱呢？

诗贤用250元购买了喜欢的歌手的演唱会门票，可是在演唱会当天有事去不了。诗贤急忙找买家，善雅说要买。用快递把演唱会门票寄出的费用50元由诗贤承担。诗贤在这次交易中，接受多少以上的价格才合理呢？（不用考虑使用快递服务所花费的精力和时间）

诗贤在购买演唱会门票的时候已经付了钱，所以这个成本不能收回。250元相当于沉没成本。因此，只要以比快递服务费用50元更高的价格进行交易，就是合理的。当然，如果把使用快递服务所花费的精力和时间考虑进去，也应该得到相应的报酬。

Q2. 宰俊使用平板电脑一年的机会成本是多少钱呢？

宰俊在年初以 5000 元的价格购买了平板电脑，一年内用于在线上课，年末以 2500 元的价格出售。如果宰俊没有购买平板电脑，这笔钱将按年利率 2% 存入银行。宰俊使用平板电脑一年的机会成本是多少？

宰俊在一年内实际使用平板电脑花费的钱（已知费用）是 2500 元。但如果在银行存款 5000 元，而不是购买平板电脑，就会产生 100 元（5000 元 × 2%=100 元）的利息收入（看不见的费用）。因此，机会成本为 2600 元（2500 元 +100 元 =2600 元）。

3

为什么第一口巧克力派最好吃？

生活中常见的边际效用感受

"谁喜欢巧克力派？"娜老师摇着手中的巧克力派问道。

"我！我！……"实验经济班的孩子们正好肚子饿了，纷纷举着手高喊。

"猜拳决定比较公平吧？"

经过激烈的角逐，最终的胜者是宰俊。

"宰俊，到前面来吃巧克力派吧。吃到不想吃为止。"

宰俊拿到巧克力派，瞬间吃完了一个。

"满分10分的话，刚刚吃到巧克力派时的满足感，你会打多少分？"娜老师问道。

"10分的话，9分左右？"

"好，再吃一个。"

娜老师又递过来一个巧克力派，宰俊又快速吃完了。

"这次是8分！"

每一次吃完巧克力派，都要进行满足感评分。随着吃的个数增加，宰俊吃的速度也变慢了。

"宰俊啊，吃饱了就别吃了。"

听到娜老师担心的话，宰俊说"还想吃"，又拿了一个巧克力派。

"已经第五个了！"

同学们看着宰俊吃东西的样子发出了感叹。宰俊这次吃的时候像嘴里含了一大口水一样。

"呃，老师，现在满足感为零。我不吃了，再吃下去要吐了。"

5个巧克力派吃完了。娜老师在黑板上用表格（表1-3）整理了宰俊吃巧克力派时为满足感打的分数。

表1-3 巧克力派带来的满足感

巧克力派数 / 个	1	2	3	4	5
增加一个巧克力派增加的满足感 / 分	9	8	6	3	0
总满足感 / 分	9	17	23	26	26

"让我们一起看看,孩子们,看这张表(表1-3)能知道什么呢?我们一起从中找出规律吧。"

"满足感越来越低。"

"吃第一个巧克力派的时候满足感是9分,吃到最后,第五个增加的满足感是0分。吃巧克力派的满足感是逐渐减少的。就像是有人白天饿肚子,到了晚上才吃饭。吃第一勺的时候,慌慌张张地吞下去,所以没尝出味道。吃第二勺、第三勺尝到的味道可能会更好,但是肚子越来越饱了,每吃一勺,满足感也会减少。经济学家称之为'边际效用递减法则'。边际(marginal)是指增加的一个单位,效用(utility)是指消费带来的满足感。也就是说,通过增加一个单位带来的满足感会逐渐减少。"

"所以自助餐厅才不会倒闭吧!即使不限制数量,也能感受到边际效用,所以一个人吃不了太多。"景浩大声说。

"景浩理解得很好。那么吃到边际效用是多少的时候,

总满足感会达到最大呢?"

"当然是 0 了。这不是明摆着吗?"昌珉神气地回答。

"对!吃巧克力派时,满足感虽然会随着吃的个数增加而逐渐减少,但只要增加的满足感是正数(+),总满足感就会持续增加。如果没有增加的满足感,即吃到边际效用为零，总满足感就会达到最大。把这个画成图（图1-1）怎么样？"

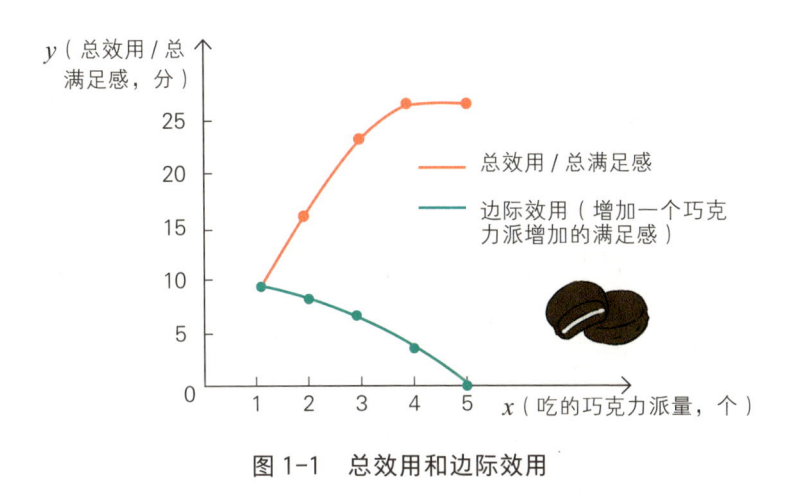

图1-1 总效用和边际效用

"从增加一个巧克力派的满足感变化和总满足感变化的关系来看，是不是与科学课学的加速度和速度的关系差不多？即使加速度逐渐减小，速度也会逐渐增加。只要加速度是正数（+），即使减小加速度，速度本身也会增加。从正数（+）开始的加速度逐渐减少，什么时候速度能达到最高？这个问题的答案和刚才的一样，是'加速度为零时'。"

"是啊，科学和经济很相似！"善雅兴奋地说。

拉面营销里，
也隐藏着边际效用递减规律？

"边际效用逐渐减少既然是规律，是不是应该有什么用处呢？可以在哪里使用呢？比如你们当老板的话，考虑卖什么商品的时候？"

大家都呆呆地看着娜老师。

"在超市里没注意过适用这种法则的价格吗？"

安静了一会儿，善雅喊道："啊，知道了！拉面！一份拉面是5元，十份打包成一捆是35元，不是这样卖的吗？这就是应用了边际效用递减法则。"

善雅指着黑板上的图（图1-1）说。

"把表上的满足感乘0.5，把满足感用货币价值表现出来。宰俊吃第一个巧克力派后感受到的满足感9分，换算成货币价值是4.5元。宰俊买一个巧克力派的时候会愿意支付4.5元。如果每个巧克力派的价格都是4.5元的话，宰俊只会买一个吧。消费两个的时候满足感是8.5元，但是要支付9元。如果想卖给宰俊两个巧克力派，就要定价为每个4.25元。以此类推，一个巧克力派可以卖4.5元，两个可以卖8.5元，三个一捆可以卖11.5元，四个一捆是13元。买4个的话，还可以再赠送1个！这样卖不是会让人有捡便宜的感觉吗？可以说是利用心理的营销吧？"

"善雅解释得真好！"娜老师一脸欣慰地说。

景浩接着补充道："因为能感受到边际效用，所以每个捆绑销售中的商品价格都会下降！"

"是的。我们日常生活中经常接触的东西适用边际效用规律的例子很多。你们以后给某种商品定价格的时候记得考虑这些。"

娜老师在教室屏幕上展示了一张照片（图1-2）。

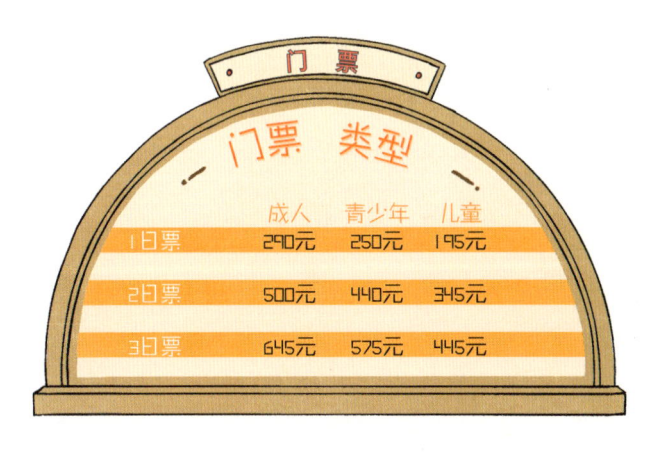

门票类型	成人	青少年	儿童
1日票	290元	250元	195元
2日票	500元	440元	345元
3日票	645元	575元	445元

图1-2 东京迪士尼乐园门票价格表

"这是老师去东京迪士尼乐园时拍的票价表。看看成人的票价吧。以成人为准，1日票为290元，2日票为500元，

3日票为645元。到东京迪士尼，第一天会感到290元左右的满足感，但第二天会感到210元（500元 – 290元 = 210元）左右的满足感，第三天会感到145元（645元 – 500元 =145元）左右的满足感。这样解释也可以吧？"

"唉，出去玩就随心所欲地玩吧。总想着上课！"

"哈哈！到处都能找到符合经济规律的地方。今天的课到此结束吧！"

4

人多一定力量大吗？

在纸飞机工厂了解劳动边际产量

"同学们，大家好吗？快坐下！"

面对娜老师大方的问候，实验经济班的孩子们害羞地回应，一个接一个地坐在了座位上。

"好，社团今天变身飞机工厂！哔哩哔哩哔哩！"娜老师大声喊着，孩子们不屑一顾地看了看周围。

"什么都没有，这算什么工厂？"景浩一脸疑惑地说。

"噔噔！当然是在这里。"娜老师在课桌下拿出米袋子大小的包裹，装模作样地说。

昌珉嘟囔着："玩工厂游戏吗？我们又不是幼儿园小孩。"

"不玩的话会后悔哟。先定几个规则再开始吧！"娜老师兴高采烈地开始讲游戏规则，"你们今天是飞机工厂的工人。只能在这张桌子上工作，不可以在别的地方。"

"单人桌就是工厂吗？"

"嗯，要在桌子上工作。黄色文件是搬运废铁的卡车，白色A4纸是废铁，剪刀是切割废铁的工具。"

"那篮子是什么？"

"哎呀，把那个落下了。篮子是飞机验收场。制造好的飞机放在那里。"

"道具和材料各有几种？"静静地听着说明的善雅提问。

"这是个好问题。工具、卡车各有一个，工厂的桌子也只有一个。做飞机的废铁材料足够了，多用一些也没关系。"

"那么飞机工厂的厂长是谁？"诗贤提问道。

娜老师微笑着回答："当然是我。我是厂长兼产品验收员。"

"呃……真是拿您没办法。"

诗贤一边摇头一边记下了游戏规则。娜老师好像真的当上了厂长似的，严肃地把纸一张一张分了出去。

"工人们，请按照现在分发的设计图制作飞机！"

"我就知道会这样。折纸飞机啊，我闭着眼睛也能做！"昌珉已经在折纸了。

"急脾气的那位！很可惜，你这是残次品。"

"才不是，怎么会？"景浩扬起眉毛问道。

"必须按照设计图上的方法进行。那边折的部分是不是和这里不一样？哈哈哈。"扮演厂长的娜老师兴奋起来，用手指着设计图上的飞机机翼，用开玩笑的语气说道。

"我们工厂的飞机规格是固定的。A4纸要横竖各切一次，分成四等份后使用。剪的时候一定要用剪刀。A4纸一次只能取一张。卡车（黄色文件）一次只能运输一张。如果不遵守规则，就要从头开始。"

"现在我来介绍一下制作方法。景浩组长，请示范一下飞机制作。"

突然被点名，景浩嘟嘟囔囔地走出来，很快就像真正的组长一样行动了。

"工人们，这里不是有设计图吗？是这样做的。"

景浩每进行一个步骤，就会把纸飞机向上抬给朋友们看，并监督他们是否在跟着一步一步做。

"说你呢，好好干呀！"景浩还假装严肃地呵斥昌珉。

"组长太过分了。再这样我就罢工了！"

"不好意思！我再加一个作业。大家还要给飞机起个名

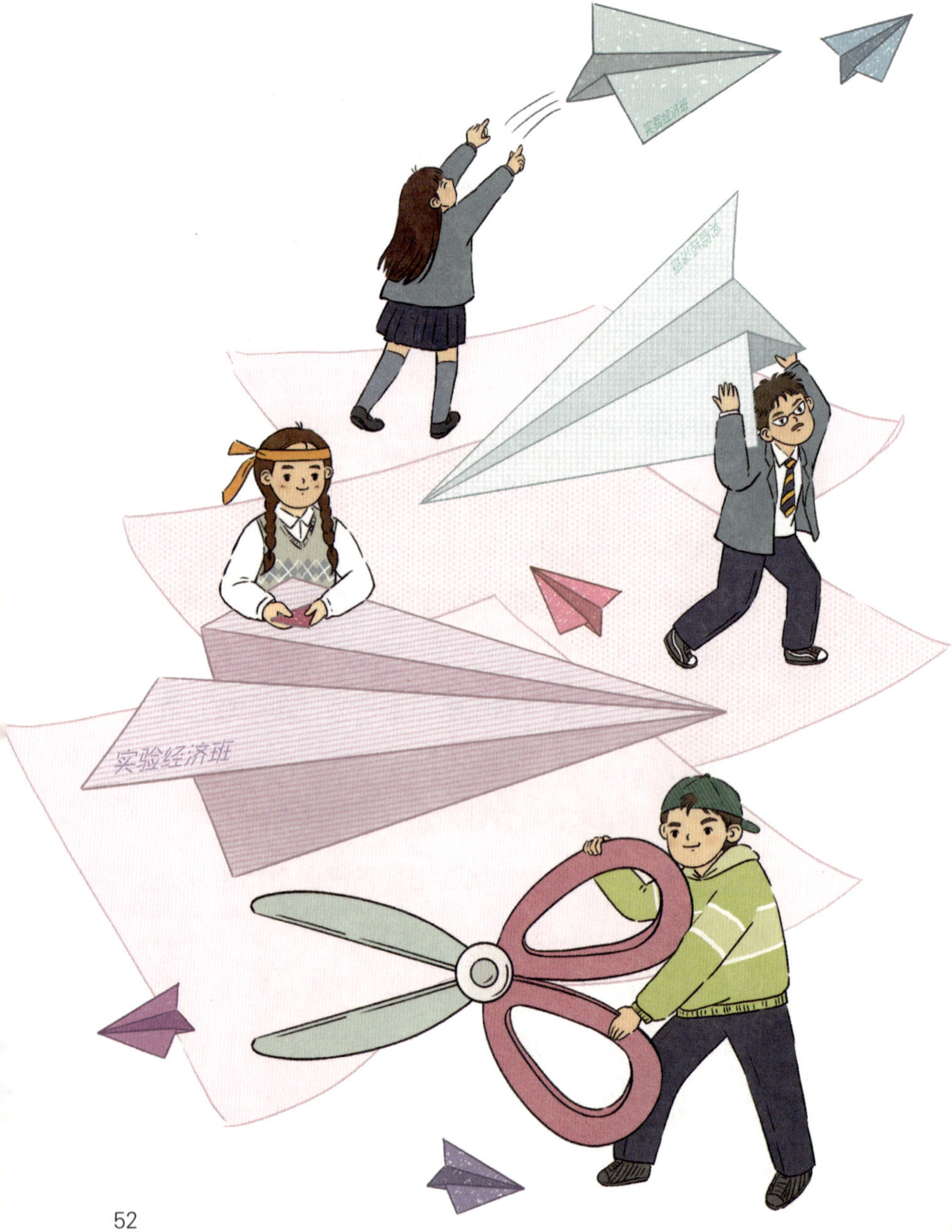
实验经济班
实验经济班
实验经济班

字,并在右边的尾部写上'实验经济班'。从头开始,各自练习吧。不清楚就举手。从黄色文件中拿出一张 A4 纸,用剪刀从分四等份开始做吧!"

按照景浩的指示,6 位朋友完成了飞机制作。

"完成的人请把飞机放在篮子里。"

"要开始验收了。噢,大家都做得很好。这样做就可以了。相信善雅下次会做得更快!哈哈!为了更加熟练,我再给大家 10 分钟的练习时间。"

劳动边际产量,
总生产量要达到最大应该雇用多少人?

大家都快成折纸飞机达人了,娜老师说道:"好,准备好了就开始吧。这里有 7 张纸条,分别写着 1 号到 7 号。每人抽一张吧。"

实验经济班的孩子们怀着好奇心开始抽纸条。

"抽到1号的是？"

"我！"

"昌珉，去工厂制作飞机，3分钟就可以了。我说'开始'之后就开始制作。听到'结束'的声音，就立即停止制作，把完成的飞机放进验收场（篮子）。"

"那我们做什么？只是看着昌珉吗？"善雅提问。

"是的！可以休息。第一次生产时间结束后，到了第二次生产时间，抽到2号的人和1号工人昌珉一起制作飞机。然后在第三个生产时间，增加抽到3号的人。到第七个生产时间，就会有7名工人工作对吧？每次生产时间都是3分钟。"

"7次，每次3分钟？所以我得一直折纸飞机吗？"

昌珉有些不满，娜老师微笑着说："这就是1号的命运。请接受吧。"

"休息的人请监督工作人员是否遵守规则！验收由身为厂长的我负责。"

"好，1号工人，去工厂吧。准备好了吧？开始！"

昌珉在"开始"这句话说完后就拿出一张A4纸，切成四等份，这与平时慢吞吞的昌珉截然不同。孩子们都屏住呼吸，看着昌珉的手敏捷地移动。只听着折纸的声音，3分钟很快过去了。

"结束!"

虽然努力折了,但昌珉完成的纸飞机只有3架。昌珉就像对待宝物一样,把3架纸飞机放在了验收场。

"3架都通过!"

"好,现在开始第二次生产。2号工人和1号工人一起去工厂。二位,你们有时间商量一下怎么生产。商量好了请举手。"

抽到2号的宰俊和昌珉认真商量后,向娜老师发送了"准备好了"的信号。

"那就开始!"

随着娜老师的喊声,大家再次听到了折纸的声音。宰俊先把一张A4纸分成四等份,交给了昌珉。昌珉一拿到纸,就迅速地叠起纸飞机。宰俊把纸等分后也一起折叠飞机,飞机完成后写下了"实验经济班"标志。

"时间到!这次折了几架呢?"从篮子里拿出飞机验收的娜老师问道。

"8架!其中一架没有标志,是不良品。总共完成了7架!"

"两个人做起来更顺利了。我们果然是一个团队!这就是分工的效果!"昌珉说。

娜老师再次告知下一个生产时间。3号工人在妍急忙加入，制订了计划。教室里安静得只听到咔嚓咔嚓的折纸声，不知不觉又是3分钟。

"噢！这次是15架！分工合作，产量果然提高了！"

到了第四个生产时间，圭贤也加入了。又是3分钟。

"这次应该轻松超过20架。好期待啊。"

"总共18架！"娜老师验收并公布了结果。

"没有劣质产品，只有18架？嗯？是分工效果差了吗？"

孩子们议论纷纷。娜老师继续宣布下一个生产时间。这次虽然有5号工人善雅加入，但飞机产量仅增加了2架，只有20架。6号工人诗贤加入生产的结果是21架。景浩作为最后一名工人加入，结果一架也没有增加。

娜老师轻轻地拍了两下手说："来来来！现在回到座位上，看黑板上的表格（表1-4）吧！"

表 1-4 随工人数变化而变化的飞机产量

生产时间	第一个生产时间	第二个生产时间	第三个生产时间	第四个生产时间	第五个生产时间	第六个生产时间	第七个生产时间
工人数 / 名	1	2	3	4	5	6	7
飞机总生产量 / 架	3	7	15	18	20	21	21
劳动平均产量（平均每一名工人的生产量）/ 架	3	3.5	5	4.5	4	3.5	3
劳动边际产量（增加一名工人增加的生产量）/ 架	3	4	8	3	2	1	0

"刚开始一名工人折纸飞机 3 架。多了一名工人,就生产了 7 架。再添一个人,产量比之前多了 8 架。像这样每多投入一名工人时,增加的产量称为'劳动边际产量'。"

娜老师指着黑板上的表格（表 1-4）继续讲解。

"劳动边际产量开始增加了,对吧？但是从第四个人的加入开始,每次多投入一个人,增加的产量就会减少。劳动边际产量最终会减少。大家觉得是为什么？"

"刚开始是互相分担工作,所以生产效率很高。"在妍似乎认为这是理所当然的。

"是啊,就是分工效果！"

昌珉回答之后，娜老师提出了问题："那么，为什么后面即使增加了工人，产量也不会增加呢？"

"工作台太窄了，剪纸的剪刀也只有一个。比起空间和工具，人更多，反而碍事。"善雅回答道。

"如果再投入更多的工人，会怎么样呢？"

"总生产量本身好像也没有变化。如果再增加人，好像只会妨碍他们。也许劳动边际产量会变成负数（-）吧？总生产量要达到最大，劳动边际产量要达到零。"

"在妍还进行了数学分析，整理得非常好。把这个用图表现出来吧。"

娜老师在黑板上画了图（图 1-3）。

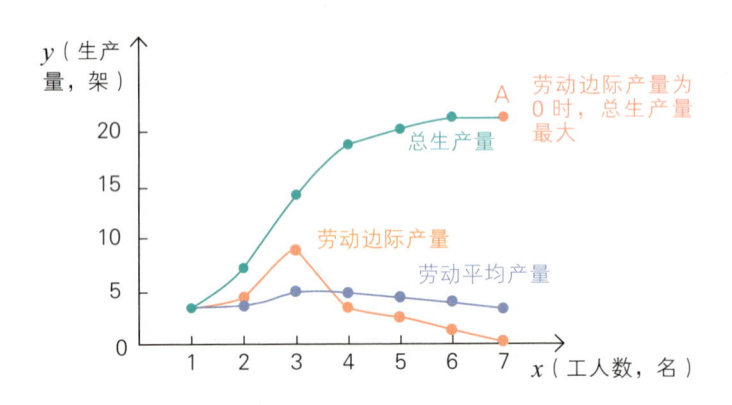

图 1-3　总生产量、劳动平均产量和劳动边际产量

"要想使总生产量达到最大值，劳动边际产量达到 0，也就是 A 点就可以了。再往后总生产量本身就减少了。"

娜老师刚说完，诗贤就发问："但是这种东西有什么用呢？"

"这是个好问题。学习了就要用啊。能用在什么地方呢？"

边际产量感受，
科学也可以说明

"应该有很多地方可以用到吧？不管是公司还是店铺，都要决定雇用员工的人数。假设我开了一家餐厅，差不多像教室这么大吧。刚开始雇用了一个员工。如果客人一下子点十盘菜的话，一个人会惊慌失措的。客人可能会因为菜上得慢而不满。这时再雇用一名员工的话，销售额可能会翻很多倍。但是餐厅规模和厨房设施等没有变化。试想一下，以这种方式继续增加员工，总有一天，员工们在狭窄的空间里服务时，会互相绊倒。"

在妍的说明很有逻辑，大家都赞叹不已。

"没错。在餐厅规模和设施等确定的情况下,要考虑雇用多少名员工才能实现销售额的最大化,这是很有必要的。能够创造最多销售额的员工数,就是如果再雇用一名员工,由此增加的销售额为零时的人数。"

"一直增加到销售额的增量为零?有点奇怪呀。"

宰俊歪着头问道。

"用科学来理解一下吧。你在科学课上学过速度和加速吧?是不是和纸飞机工厂实验的结果差不多?"

"啊,加速度和边际产量一样!这和上次说边际效用和加速度差不多是一样的!"景浩看着恍然大悟的昌珉说。

"就像即使加速度减小,速度也会继续增加一样,即使边际产量减少,总生产量也会增加。"

"哇,大家都理解得很好!现在假设到了一个接近 0

的、非常短的时间。试着在速度图（图1-4）中找出此时速度增加的瞬间变化率（加速度）吧。"娜老师在黑板上边画图边说。

"正如这里的图所示，切线的斜率意味着加速度。"娜老师指着图（图1-4）说。

"那么投入的劳动力的增量减小到无限接近0时，增加的产量，即'边际产量'就会成为图（图1-5）中总生产量曲线的切线斜率吗？速度图和总生产量图的曲线不是差不多嘛！这和巧克力派实验的总效用图（图1-1）也很相似。"在妍看着自己记录的内容，自信地说。

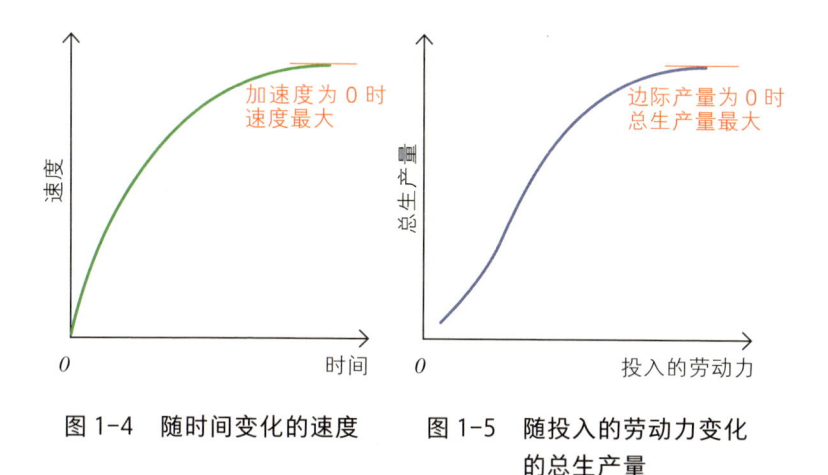

图1-4 随时间变化的速度

图1-5 随投入的劳动力变化的总生产量

娜老师很满意，接着提出了一个问题。

"厉害吧？投入的劳动力增加到无限接近0的时候，增加的产量就是边际产量。那么生产到什么时候总生产量能达到最大呢？"

"直到边际产量为0为止！"景浩用手指头比画了一个0。

"没错，没错。但那是总生产量逐渐增加的时候。如果总生产量在减少，那就另当别论了。"善雅走到黑板前，在总生产量图上连出曲线（图1-6）。

"是啊。如果边际产量在正数（+）区间的话，即使边际产量逐渐减少，总生产量也会增加。要想使总生产量达到最大，在极限生产达到负数（-）之前，生产到增量为0就可以了吧？就像时间与速度的关系图（图1-7）所示，即使加速度减小，在正数（+）区间内速度也会持续增加一样。"在妍平静地补充说明。

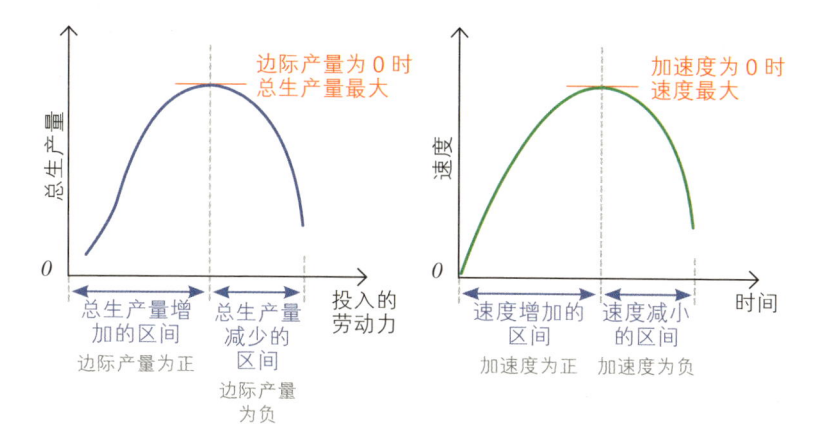

图 1-6　投入的劳动力和总生产量的关系

图 1-7　时间与速度的关系

善雅点了点头，接着说道："这个在成本方面也可以解释。边际产量最终会体现出来的，换句话说，就是制造一个单位产品的成本最终会增加。"

看着孩子们的讨论，娜老师说："对呀！你们真了不起！今天的课就上到这里吧！"

数学帮帮忙

* 经济概念:边际效用,边际产量,理性选择
* 数学概念:切线的斜率,微分

Q1. 如何获得最大的满足感或产量?

不同甜品摄入量的总效用(总满足感)函数(图1-8),不同工人数的总生产量函数(图1-9),均为当 x 值增大时 y 值增大的函数,只是根据增加的一个单位的 x 值,y 值的变化量变小,逐渐形成平缓的右上曲线。如果想了解满足感或产量如何达到最大值,就要在 x 值变化到非常小的水平,而不是 0 时,确认 y 值的变化。从图中可以看到,这是切线(与曲线稍微接触后经过的直线)的斜率。在切线的斜率为 0 这一点上,y 值最大,因此,在这一点上满足感或产量最大。在效用函数中,消耗到极限效用为 0 的点,在生产函数中,生产到极限生产为 0 的点,满足感和产量就会达到最大。我们把这样的选择称为"有限的选择"。

> 经济学中的"极限"概念也就是切线的斜率,在数学上称为"瞬时变化率"或"微分系数",求出的过程称为"微分"。

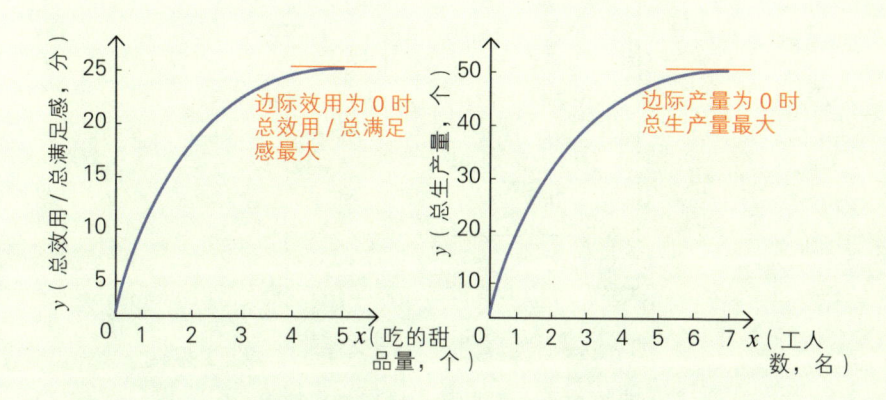

图 1-8　边际效用为 0 时的总效用/总满足感

图 1-9　边际产量为 0 时的总生产量

Q2. 如果满足感或产量恒定，边际效用和总效用图会是什么样子呢？

呈直线形式，即一次函数形式。一次函数中的斜率可以说是 x 的变化引起 y 的变化量。然而，如果边际效用恒定，就像在图 1-10 中一样，总效用曲线的斜率恒定为 5（10÷2=5）。

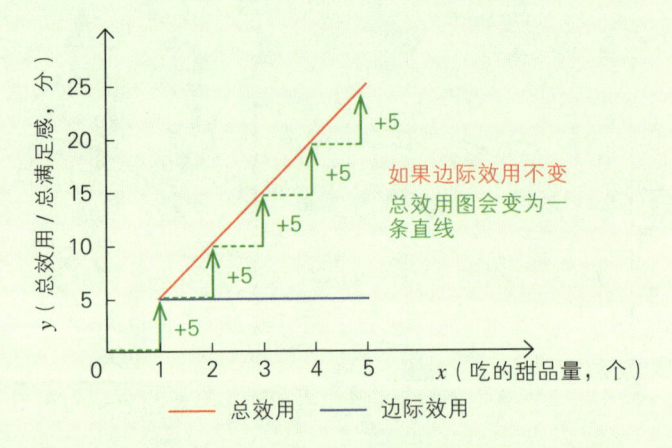

图 1-10　边际效用一定时的总效用

注：现实中的效用函数大体上是缓慢向上的。

Q3. 当边际效用逐渐增加时，总效用曲线的形状会发生什么变化？

当边际效用（切线的斜率）逐渐增加时，总效用曲线呈直线上升的形式，如图 1-11 所示。实际上，当消费量增加时，边际效用越来越大的情况很少。但是，如果是令人上瘾的东西，随着消费量的增加，一个单位消费的满足感逐渐增加的话，也有可能出现这种情况。

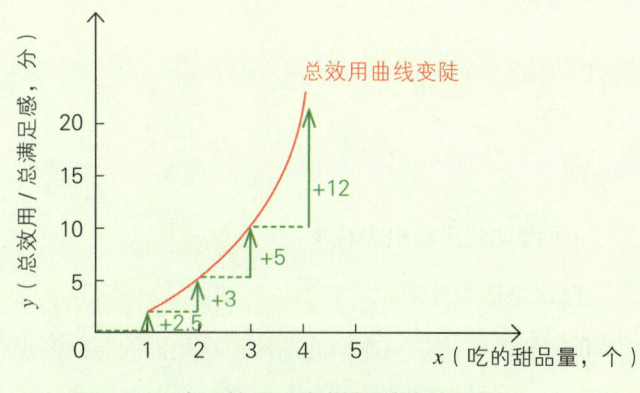

图 1-11　边际效用逐渐增加时的总效用

走向目的地时距离的变化，把冰块放在室温下冰块融化的过程等，把生活中那些随着时间增加或减少而发生的变化用图的形式画出来吧。分析图中曲线，可以知道哪个值在增加或减少，变化了多少，如果是逐渐增加的话，增加的幅度是变大还是变小。

如果从社会现象中找出这种关系，就可以预测变化。如果找出多个国家的年度 GDP[1]，把年度 GDP 呈现快速增长趋势的新兴国家和年度 GDP 增长速度放缓的发达国家进行比较，是不是可以预测未来呢？

1　GDP：国内生产总值（Gross Domestic Product，GDP），是一个国家（或地区）所有常住单位在一定时期内生产活动的最终成果。GDP 是国民经济核算的核心指标，也是衡量一个国家（或地区）经济状况和发展水平的重要指标。

经济概念小贴士

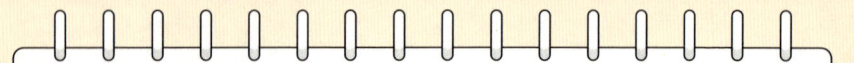

选择的时候，只考虑这些就够了

（1）考虑效用和机会成本

"吃汉堡还是比萨？"

我们的人生就是一连串的选择。这是因为与我们想做的相比，不足的资源存在稀缺性。所以，我们经常会后悔"如果当时做了别的选择就好了"。如何做出不留遗憾的选择呢？同时考虑效用和机会成本就可以了。

通过某种选择获得的满足感称为"效用"。做出选择后，我们放弃的其他机会本来可以带来的效用称为"机会成本"。

在做出选择时，我们需要比较各种选择的效用和机会成本。除去机会成本（利润－机会成本）净收益最大的选择，称为"理性选择"。

比如说，假设景浩妈妈有 5 万元，正苦恼要用这些钱存入银行、购买债券还是投资股票。存款和债券分别保障了每年 2% 和每年 2.1% 的收益，股票的收益率不确定。经过深思熟虑后，景浩的妈妈选择了股票投资，一年后出售股票，赚了

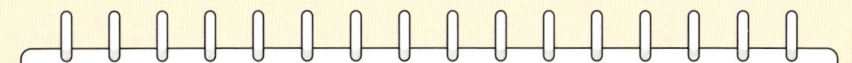

1250元。除去为了投资股票而成为证券信息网站会员而支出的250元，实际赚了1000元。景浩的妈妈投资股票是理性选择吗？

景浩的妈妈通过股票投资，除去本金赚了1000元。但如果没有进行股票投资，而是购买债券的话，应该能赚到1050元。投资股票的利润是1000元，机会成本是1050元。从利润和机会成本来看，损失了50元。

一定要记住，选择的时候要考虑效用和机会成本！

经济用语

- **稀缺性**：与需求相比，满足需求的资源不足。
- **机会成本**：选择时放弃的价值，如果放弃的有好几种，那么就是其中最可惜的价值。
- **理性选择**：在各种策略中，"利润－机会成本"净收益最大的选择。

（2）选择极限

我们在做选择时，有时会决定是否采取具体行动，例如是否吃蛋糕；有时需要决定哪些工作进行到什么程度，例如在自

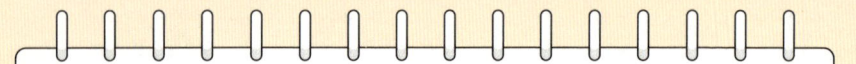

助餐厅吃多少。那么，如果你是餐厅老板，怎么决定员工招聘数量呢？

在做这种选择时，重点是必须始终关注采取额外（additional）行动的单位利润和成本。追加行动的单位产生的利润称为"边际利润"（marginal benefit），追加行动的单位产生的费用称为"边际成本"（marginal cost）。餐厅老板多雇用一名员工时产生的额外利润是边际利润，因增加一名员工而增加的费用是边际成本。在决定是否继续雇用员工时，要比较边际利润和边际成本。

经济用语

- 边际成本：增加单位行动时产生的成本增加量。
- 边际利润：增加单位行动时产生的利润增加量。

（3）了解边际产量和规模经济

在纸飞机工厂实验中，在其他生产要素不变的情况下，只增加工人数量，结果出现每增加一名工人，增加的产量逐渐减少的现象。当没有其他变化，只投入一个生产要素时，生产要素增加一个单位，导致增加的产量最终减少，称为"边际产量

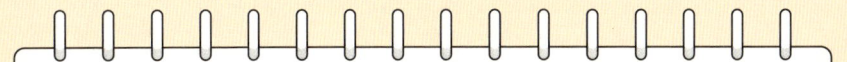

递减"，当边际产量为零时，总生产量达到极限。所以，公司老板在考虑雇用多少名职员时，要考虑劳动的生产极限。

如果各种生产要素同时增加会怎么样？在实验经济班的纸飞机工厂里，大家都要在单人桌上工作。如果扩大工作空间、增加机器、增加工人呢？随着生产规模的扩大，一般每架纸飞机的生产成本都会降低。也就是说，如果由制造10架纸飞机改为制造100架纸飞机，成本不会增加10倍，只会增加7~8倍。有的设备只要一台就可以完成各种业务。随着生产规模的扩大，分工会更加细致，也会积累技术力量和经验，这就叫作"规模经济"。

第二章

"看不见的手"：

决定价格的秘密

1

竞价逐渐升高的英式拍卖

在艺术品拍卖中了解需求曲线和支付意向价格

娜老师打扮得漂漂亮亮走进教室。

"哇!今天去哪里呀?"诗贤问道。

娜老师骄傲地敲打着拍卖用的锤子说:"今天这里是伦敦艺术品拍卖场!我这身可是明星拍卖行的服装。"

"什么?拍卖吗?"

"欢迎大家来到苏富比拍卖会!今天拍卖的是这部作品,爱德华·蒙克(Edvard Munch)的《呐喊》。"

娜老师一边展示蒙克的《呐喊》,一边用沉稳而清脆的声音讲述了画作诞生的背景。

"大家应该都看过这幅画吧。《呐喊》一共有四个版本,其中个人收藏的只有今天要拍卖的这个版本。蒙克在《呐喊》中描述的是这样的场景,'在路上走着走着看到了火山爆发,世界仿佛要崩塌了'。10年后,他回想起来,根据当时的感觉,完成了这部作品。"

"真的吗?我还以为蒙克精神有点不正常呢……看蒙克的画,不是会有混乱的感觉吗?"喜欢艺术的诗贤说。

"是啊,这么看也合情合理。经历了火山爆发,他应该精疲力尽了吧,所以没能马上画出来,10年后才完成了这部作品。"

"嗯,画里的路看起来也不太平整了。"诗贤补充道。

"画家感受到的不安情绪,直到今天还能通过画传达出来,不愧为名作,对吧?好了,今天我们将以英式公开拍卖的方式出售这幅作品。想购买的人都可以自由地报价,提高价格,最终出价最高的人中标。"

"这和我们知道的拍卖方式一样。今天出价的最小单位是

多少呢?"景浩问。

"每次加价5元吧。但是竞拍的时候,要记住一个原则:我们都是理性的消费者,支付的价格不能超出自己对艺术作品的满足程度。"

"嗯,拍卖价格可能会暴涨,最好在拍卖前就确定自己对画作的满足感。"在妍若有所思地说。

"在拍卖前,我们需要确定好各自对作品的满足程度。请大家每人从这里抽一张纸条出来,再拿上用于拍卖的名牌!"娜老师拿出装满纸条的篮子说。

"纸条上的金额假设是根据自己对这部作品的满足感来确定的!作为理性的消费者,总不能支付比纸条上的金额更高的价格吧?我们把自己对商品的价值判断(满足感)称为'支付意向价格'。"

"我的老天爷啊!让我抽中一个大点儿的数字吧!"昌珉抽纸条时念叨着。

消费者剩余，中标者的额外利润是多少？

好，那么从蒙克的《呐喊》开始拍卖！

5元！

景浩首先举起了名牌。圭贤和善雅跟着抬价，各提高了5元。

285元！

290元！

295元！

300元！

拍卖价格不断上涨，孩子们之间弥漫着紧张的氛围。再也听不到任何声音时，娜老师问：

> 有305元吗？没有的话就结束了。当当！善雅以300元的价格成交。

善雅接过画，露出了满意的表情。

> 善雅，你的支付意向价格是多少？
>
> 325元。
>
> 那是以多少价格中标的呢？
>
> 300元。那赚了25元？
>
> 对啊。用300元买了价值325元的画，算是获得了25元的额外利润。圭贤，你一直到最后还在参加价格战，你的支付意向价格是多少呢？
>
> 是295元。我已经叫过了支付意向价格，但是没办法给出更高的价格了。
>
> 善雅中标的价格和圭贤的支付意向价格差不多。像善雅这样的情况，是在英式拍卖中，中标者会出现的"消费者剩余"现象。

那么，消费者剩余是什么呢？剩余就是剩下的意思吧？

诗贤知道的很多嘛。剩余是剩下的意思。消费者通过消费获得的额外利润称为"消费者剩余"，刚才善雅获得了25元的额外利润。这就是消费者剩余。

需求曲线，
边际消费者的支付意向价格是多少？

"好，我们来说说刚才抽到的支付意向价格都是多少，从诗贤开始吧。"

"我是75元。"

"在妍呢？"

娜老师在黑板上写下了实验经济班的孩子们对画的支付意向价格。

善雅：325元　　昌珉：105元

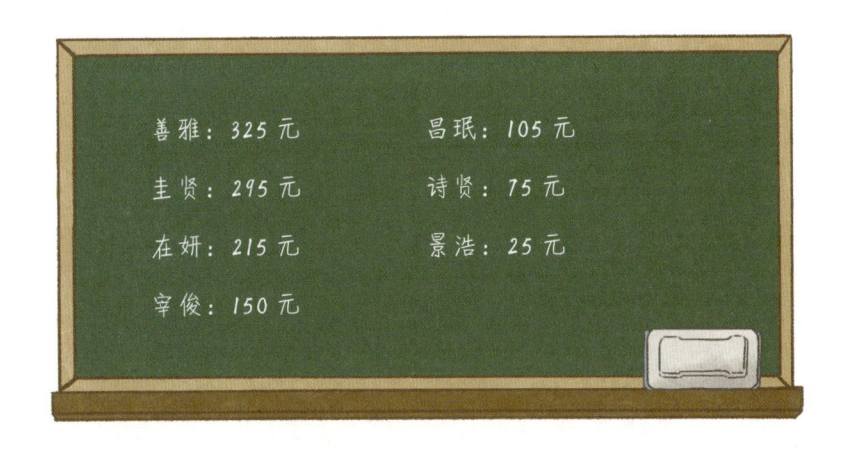

圭贤：295元　　诗贤：75元

在妍：215元　　景浩：25元

宰俊：150元

"孩子们，如果画的价格是350元的话，有多少人会买呢？"

"什么？应该没有人买吧。"

"对，那325元的话呢？"

"只有善雅自己！"

"295元的话呢？"

"圭贤和善雅两个人！"

"是啊，这就是我想说的。我们用图（图2-1）来描绘一下这种关系吧！"

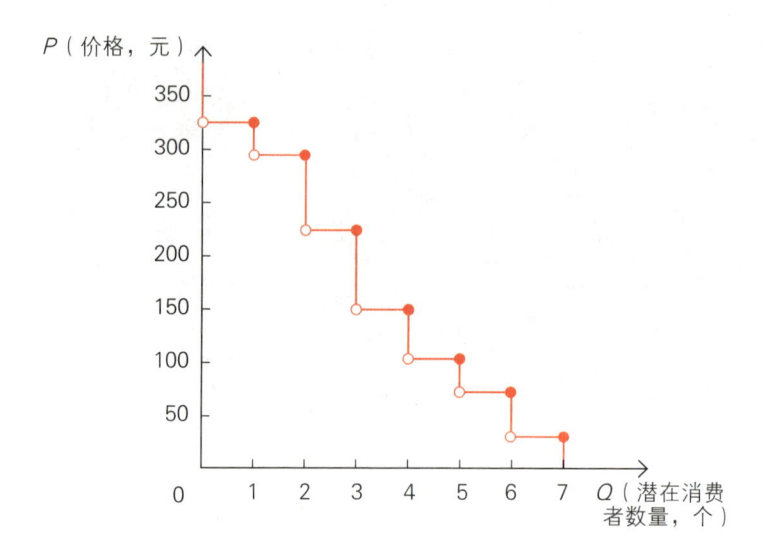

图 2-1　价格和潜在消费者数量（需求量）的对应关系

"像这样描绘价格与潜在消费者数量（需求量）的对应关系的图，就叫作'需求曲线'。在一定时期内，不同价格水平上潜在消费者的多少就是需求的意思。假设商品数量充足，价格定为150元的话，会有几个人买呢？"

"四个人。有善雅、圭贤、在妍、宰俊。"

"没错。但是这四个人用150元购买商品后获得的额外利润，即消费者剩余情况各不相同。首先来看一下善雅的额外利润……"

这时昌珉迅速接话说:"善雅获得了175元的额外利润。圭贤是145元,在妍是65元,宰俊是没有额外利润的!"

昌珉说完,耸了耸肩。

"谢谢你啊,昌珉。如果将这些内容显示在图(图2-2)上,就可以认为蓝色部分是消费者剩余。"

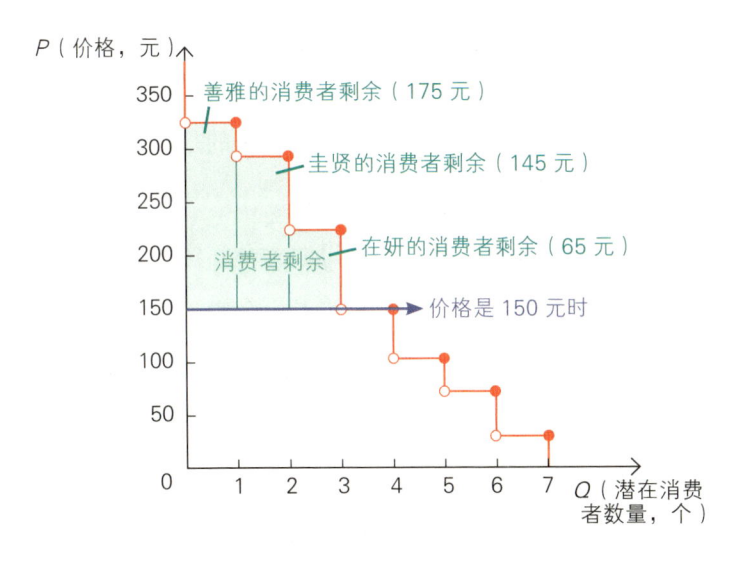

图2-2 价格为150元时的消费者剩余

"所以,需求曲线和价格之间的部分就是消费者剩余吗?"在妍在笔记本上整理着内容说道。

这时善雅举起了手,说道:"我发现了一个!需求曲线上的每个点是大家的支付意向价格,只要稍微高于这一价格,那个人就不会购买。你看!价格是150元的时候,想买的不是有4个人吗?150元是宰俊的支付意向价格——宰俊是只要比150元价格高1元就不会买的人。每个点都是这样的。"

"在妍和善雅都很厉害!就像善雅说的,需求曲线上的每一个点,只要稍微高于那个价格,就会有消费者离开该市场——不买了。这样的消费者称为'边际消费者'。"

"那么可以说'需求曲线上的价格对应的是边际消费者的支付意向价格'。"

"对,在妍总结得很好。那我问你一个问题。这次画作拍卖,善雅不是获得了25元的消费者剩余吗?有没有可能在不产生消费者剩余的情况下成交?"

"如果能先知道人们的支付意向价格,就会发现,要想不产生消费者剩余,卖给每个人的价格都不一样。"

景浩开玩笑地说,在妍却一脸严肃。

"用拍卖的方式来销售好像是消费者剩余最少的方法。"

"孩子们,休息10分钟!休息一会儿再学习吧。"

2

竞价逐渐降低的荷兰式拍卖

在鲜花拍卖中了解需求的价格弹性和价格差异

"欢迎大家来到荷兰鲜花拍卖会!"

休息时间结束后,孩子们坐下来,娜老师从课桌下拿出一束人造郁金香。

"什么?刚才不是说在伦敦吗?"

娜老师好像没听到诗贤的提问,继续说:"现在这里是荷兰花卉市场。郁金香将以荷兰式拍卖方式出售。这是今天从荷兰最大的花卉种植地直接采摘的,非常新鲜。"

"这次拍卖也会先确定对花的满足程度吗?"

"是的,这次也要抽签。"

"荷兰式拍卖有什么不同?"在妍问道。

"英式拍卖是想要购买的人从低价开始自由地提高价格，而荷兰式拍卖则是拍卖公司快速地从高价格开始降低价格。参与拍卖的人在拍卖师喊出自己想买的价格时，会通过喊'我'来中标。如果同时有好几个人喊出来，那么离拍卖师位置最近的人中标。"

"啊，什么呀！有点不公平啊。"

看着嘟囔的昌珉，娜老师说道："拍卖规则就是这样。好，现在开始拍卖了。500元！495元！490元！485元！480元！475元！"

娜老师喊475元的时候，景浩和宰俊同时喊了出来。

"我！"

两人里面宰俊坐得离娜老师更近，郁金香被宰俊拍下。

"宰俊以475元的价格成交了！"

"老师，你太过分了。我也想要郁金香！"景浩不甘心地说。

"规则就是规则，郁金香就给宰俊吧。今天的拍卖到此结束了。"

荷兰式竞拍，消费者剩余为0！

娜老师又问："宰俊啊，你的支付意向价格是多少？"

"475元。"

"那宰俊刚好支付了相应的满足感的价格来买花。景浩是多少？"

"我也是475元。"

"消费者剩余是0啊！"在妍拿着圆珠笔说。

"这就是英式拍卖和荷兰式拍卖的区别！"

同学们都在聚精会神地思考娜老师的话。善雅似乎找到了答案，举手说了出来："英式拍卖的价格缓慢上涨，参与竞拍的人喊出价格，因此可以根据对方的眼色，见机行事。因此，中标者可以以比自己支付意向价格更低的价格中标。"

"相反，在荷兰式的拍卖会上，根本不可能看别人的眼色。拍卖师从高价格开始快速地降低价格。参与竞拍的人在听到自己的支付意向价格的瞬间，就会喊出'我'。"

"所以在英式拍卖中，一般中标者都会产生消费者剩余，但在荷兰式拍卖中几乎为零，是吗？"

宰俊和在妍接着说："拍卖不能用同一种方式进行吗？

为什么又是英式，又是荷兰式，搞得这么复杂？还有就是为什么以国家命名？"

"看来艺术品拍卖是从英国开始的？"

对于圭贤的提问，诗贤回答道："对，艺术品公开拍卖一般采用英式。因为在英国这种拍卖方式很活跃，所以才这么命名的。一提到荷兰，你们会想到什么？"

"这个嘛，风车和郁金香？"

"荷兰种植了大量郁金香等花卉，很多用于出口贸易。因为临海，荷兰人还会捕鱼贩卖。"

"花和鱼有时产量和捕捞量会不同，质量也会不同，所以大部分情况不是定好价格后再销售，而是通过拍卖。与艺术品不同，这类产品的新鲜度非常重要，要尽快卖出。"

"所以拍卖公司才会快速喊价拍卖呀？因为只有这样才能尽快结束。"宰俊说道。

"对，实际上，在荷兰鲜花拍卖现场，有像表一样的机器，上面标注了价格，指针会从高价格转动到低价格。参与竞拍的人看到自己想要的价格刻度出现时，会迅速按下按钮，最快按下按钮的人中标。要看一看现场是什么样的吗？"

娜老师给孩子们看了在荷兰花市拍卖的场景图（图2-4）和英国一家拍卖公司拍卖画的影像（图2-3）。荷兰鲜花拍

图 2-3　英式艺术品拍卖

图 2-4　荷兰式鲜花拍卖

卖现场，人们坐在像礼堂一样的地方按着什么东西，其中有像钟表一样竖起的机器，就像股市一样。在英式拍卖会上，很多人在打电话，展开看眼色大战，最后拍卖师用槌敲着桌子，高喊"sold"。

"哇，拍卖师喊出'sold'的那个样子，可真帅啊！"

"以后要不要去做拍卖师呢？"

"是啊，感觉很适合有艺术细胞的诗贤！"

"老师，有没有利用消费者各自不同的支付意向价格，以不同的价格进行销售的方法呢？我想这样可以多赚点钱。"

听到景浩的话，昌珉一脸无奈地说道："喂，同样的东西卖给一个人50元，卖给另一个人25元怎么能行呢？卖25元很多人买的话，为啥不卖40元呢？"

"昌珉说得对。但是利用不同的支付意向价格来提高利润的例子在我们周围随处可见。"

"是吗？"听到娜老师的话，景浩眨着眼睛问道。

需求的价格弹性，《哈利·波特》新版以精装封面出售的理由

"谁喜欢《哈利·波特》？"娜老师说完，班上几个同学都举起手来。

"像《哈利·波特》这样的系列小说，不是有等待新书出版的忠实粉丝嘛。大部分忠实粉丝对新书的满足感会很强，所以支付意向价格更高，不太在意书的价格是多少，购买的可能性很大。出版社利用这点，在6个月左右的时间里将新书制作成精装版本，以高价出售，之后再做成简装书，降低价格进行销售。"

"热情的粉丝们即使支付较高的价格也要快点买书开始读，没有这么高满足程度的人即使晚一点看，也会以低廉的价格买书，所以出版社的利润会变多。"景浩说。

"是的。比如狂热粉丝对于价格的变化，在需求量上的反应并不敏感，也就是说需求的价格是'非弹性'的。对于价格的变化，需求量反应敏感就是'弹性'。"

"什么？又不是橡皮筋。什么弹性？"昌珉问道。

"就像橡皮筋可以自如收缩，有弹性一样，由于对价格

变化敏感，需求量突然增加或减少就是'需求价格弹性大（弹性）'。对需求价格弹性小（非弹性）的人收取高价，对需求价格弹性大的人收取低价，这被称为'价格歧视'。"

"是啊，那是区别对待！我讨厌区别对待！"

昌珉讨论"区别对待"时很激动，在妍看到后说："但是我们好像也从价格歧视中得到了实惠呢。在美容院，我们剪发的价格比大人剪发的价格便宜。因为我们对价格更敏感，所以好像剪发价格更便宜。"

"在网上购物时，只要找到优惠券，输入就可以打折。这个也是类似的原理吗？"

"善雅问了一个好问题。优惠券折扣也差不多。对价格不敏感的人按定价购买，对价格敏感的人用优惠券以更便宜的价格购买。像这样考虑到需求的价格弹性，制定不同价格的事例真的很多。大家平时多注意这些案例吧！那今天的课就上到这里！"

在妍的经济学日记

20××年×月×日

　　一大早,我就和朋友们去看电影了。早上的第一场电影可以享受电影票的价格优惠。因为我们是对价格敏感、需求价格弹性大的顾客。

　　事实上,即使不是早场打折,青少年的电影票也比大人的便宜。姐姐因为舍不得去电影院而在网上看电影,看来她是比我对价格更敏感的人。

3

需求和供给：控制价格的"看不见的手"

苹果市场中的均衡价格决策

"叮咚，叮咚！"

上课铃响了。在走廊里等待的学生家长们从教室后门走进来，实验经济班的孩子们纷纷回头看。今天是向家长开放的公开课。

娜老师打破了沉寂的氛围，愉快地大声说："欢迎来到星星苹果市场！今天来了十四位是吗？后面的家长朋友们，快到前面来！"

娜老师招呼着，大步走到教室后面，带着两位家长来到孩子们旁边的座位上。

"请爸爸妈妈们快点到前面来，不要坐在后面哦！"

大家一坐下，娜老师就宣布："大家都是来买卖苹果的。"

"什么？苹果在哪儿呀？"

娜老师指了指课桌上的苹果味焦糖盒子，算是回答了宰俊的问题。然后，她开始给大家发纸条。

"纸上的信息不能给任何人看。如果被别人知道的话，就会变得很被动哦。一定要遵守规则呀！"

纸上写着在买卖苹果的游戏中，大家需要扮演的角色：供应商或购买者。如果是供应商，纸上写着生产一堆苹果所需的费用；如果是购买者，则写着购买一堆苹果愿意支付的最高价格。

"好，大家都收到了吧？今天买卖苹果的游戏一共有两次。确认一下自己在第一次游戏中扮演的角色，不是供应商就是购买者，供应商是卖方，购买者是买方。供应商找购买者，购买者找供应商，双方讨价还价，签订合同。完成交易后，请各位填写交易合同交给我。这里有一个最重要的规则！请集中精力，仔细听好哦！"

听了娜老师的话，大家顿时安静下来，目光集中在娜老师身上。

"我们都是'理性'的购买者和供应者。供应商不做亏本生意，购买者不支付比消费获得的满足感更高的价格。

当然，不同的人购买同一堆苹果时的满足感是不同的。如果对苹果的满足感是 100 元，就不会以更高的价格购买苹果了吧？这种情况下，最多可以支付 100 元。也就是说，如果我的满足感是 100 元，就不能以更高的价格购买苹果。对于感到满意的价格，我们会愿意支付，所以我们决定将消费带来的满足程度称为'支付意向价格'。"

"供应商该怎么办？"善雅和圭贤同时问道。

"每个供应商生产苹果所需的费用都不一样。有的人生产成本低，有的人生产成本高。如果以低于生产成本的价格出售会赔钱的，那可不行。卖得越贵越好。"

"那么，如果支付意向价格为 100 元的购买者和生产成本为 150 元的供应商相遇怎么办？"

"这个问题很好！这样的话交易会很困难吧？因为我已经定下规则了，在这里绝对不做亏本的买卖。

示例 1　星星苹果市场角色信息

第一个市场角色：购买者（买方）

你对一堆苹果的满足感是 200 元，只能以 200 元以下的价格交易。尽量便宜一点买，多赚额外利润。

*额外利润：200 元 – 交易价格

第二个市场角色：供应商（卖方）

你生产一堆苹果的费用是 150 元，只能以 150 元以上的价格交易。尽量卖得贵一点，多赚额外利润。

*额外利润：交易价格 – 150 元

示例 2　星星苹果市场角色信息

第一个市场角色：购买者（买方）

你对一堆苹果的满足感是 100 元，只能以 100 元以下的价格交易。尽量便宜一点买，多赚额外利润。

*额外利润：100 元 – 交易价格

第二个市场角色：供应商（卖方）

你生产一堆苹果的费用是 50 元，只能以 50 元以上的价格交易。尽量卖得贵一点，多赚额外利润。

*额外利润：交易价格 – 50 元

"完成双方满意的交易后,签订交易合同并提交的游戏玩家,将获得美味的苹果(焦糖)。交易成功才能让供应商和购买者都受益,对吧?无论哪一方,只要做了赔钱的交易,就不能得到苹果哦!现在要开始了,星星苹果市场开放两次,每次只交易一堆苹果,这也是规则,供应商只卖一堆苹果,购买者只买一堆苹果。"

"也就是说,供应商的利润是'交易价格 – 自己的生产成本',而购买者的利润是'支付意向价格 – 交易价格'?"在妍一边记笔记一边说。

"是的,理解得很好。那我们开始交易吧?好,第一次星星苹果市场开始!"

"看不见的手",
市场中决定价格的隐形力量!

"我买苹果!谁要卖给我?"

"这里的苹果卖得很便宜!"

供应商和购买者都在讨价还价,教室里一片热闹,像真正的市场一样。家长们刚开始感到有点儿尴尬,渐渐也开始跟着孩子们积极地讨价还价。

"唉，不能买超过100元的。"

"我得卖到200元以上啊！我不会因为您是朋友的妈妈就再降价了！"

有些同学因价格不符而无法进行交易，有些同学为了多争取自己的利益而讨价还价。娜老师心满意足地在市场中间来回巡视。

"我们成交了！"

第一个签订交易合同的是在妍，接着是善雅。

过了一会儿，喧闹的教室安静了下来。

"第一次星星苹果市场结束了！"

随着娜老师的宣布，大家都坐下了。

"现在来看一下交易过程。这次苹果市场的交易量一共是五笔。首先是在妍和景浩以75元成交。在妍的生产成本为50元，景浩的支付意向价格为200元。在妍获得了25元的额外利润，景浩获得了125元的额外利润！"

"哇！景浩真了不起。125元？这难道不是今天的MVP[1]吗？"

---

1 MVP：最有价值游戏者（Most Valuable Player，MVP），是对胜利最有贡献的游戏者，来源于美国职业篮球联赛最有价值球员奖。

供应商
（生产成本 50 元）

75 元

购买者
（支付意向价格 200 元）

表 2-1 第一次市场交易明细

交易编号	交易价格	供应商的生产成本	购买者的支付意向价格	供应商的额外利润（生产者剩余）	购买者的额外利润（消费者剩余）
1	75 元	50 元	200 元	25 元	125 元
2	55 元	50 元	100 元	5 元	45 元
3	95 元	50 元	100 元	45 元	5 元
4	155 元	150 元	200 元	5 元	45 元
5	95 元	50 元	100 元	45 元	5 元

"接下来是善雅和圭贤爸爸的交易！圭贤爸爸是供应商，善雅是购买者。交易金额为 55 元，圭贤爸爸的生产成本为 50 元，善雅的支付意向价格为 100 元！那么善雅有了

45元的额外利润，圭贤爸爸的额外利润是5元。我们来看看，平均交易价格是……大概100元吧？"

"95元！数我算得快啦。"昌珉得意扬扬地说。

娜老师在黑板上写下了平均交易价格的计算过程。

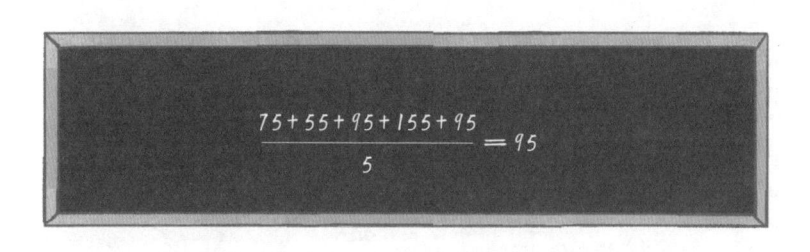

$$\frac{75+55+95+155+95}{5}=95$$

"昌珉的计算很准确啊！第一次市场的平均交易价格是95元！景浩的收益最多啊！"

"可是老师，您刚才心算了吗？不是说大概100元吗？"昌珉问道。

"不，我不太会心算。我以为会是100元左右呢！"

"您怎么知道？您是预言家吗？"

"因为这里隐藏着'看不见的手'！"

"什么？"在妍用惊讶的表情问。

"在刚才分发的纸上，是这样分配的：支付意向价格为200元的购买者有3名，支付意向价格为100元的购买者有

5 名，生产成本为 50 元的供应商有 4 名，生产成本为 150 元的供应商有 2 名。"

娜老师把内容写在了黑板上。

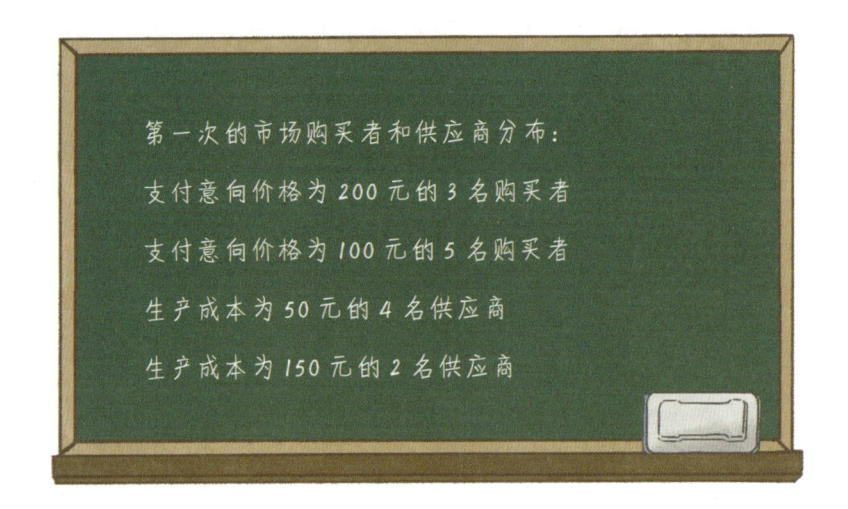

> 第一次的市场购买者和供应商分布：
> 支付意向价格为 200 元的 3 名购买者
> 支付意向价格为 100 元的 5 名购买者
> 生产成本为 50 元的 4 名供应商
> 生产成本为 150 元的 2 名供应商

"如果价格定为 125 元，那么供应商的数量和购买者的数量会有什么变化呢？"娜老师问道。

"供应商的数量剩下 4 个。生产成本为 150 元的供应商将不再生产苹果，而去做别的事情。"

"购买者的数量会变成 3 个，满足感为 100 元的购买者不会购买。"

"那么苹果就剩 1 堆了。"

善雅和圭贤依次说道。

"嗯，如果苹果剩下的话，就算降价也要卖出去！"

昌珉也认同景浩的话。

"好吧，那么价格肯定会下跌。"

"对。所以125元不是稳定的价格。价格是60元怎么样？"

"那么供应商的数量还是4个，购买者的数量变成了8个。"

"这次苹果不够啊！那么想买苹果的人会多掏钱，让他们卖给他吧？"

诗贤和昌珉依次说。

"是的。如果用表格整理一下的话，就会变成这样。"

娜老师把第一次市场的需求表（表2-2）和供给表（表2-3）放在教室屏幕上。

表2-2　第一次市场的需求表

P（价格，元）	Qd（需求量，堆）
$P > 200$	0
$100 < P \leq 200$	3
$0 < P \leq 100$	8

表 2-3 第一次市场的供给表

P(价格,元)	Q_s(供给量,堆)
$P < 50$	0
$50 \leq P < 150$	4
$P \geq 150$	6

"表示一定时期内的价格和想要购买的量,也就是需求量对应关系的表称为'需求表'。表示一定时期内的价格和想要出售的量,也就是供给量对应关系的表称为'供给表'。把这个画成图(图 2-5)怎么样?红线表示价格与需求量的对应关系,是需求曲线;蓝线表示价格与供给量的对应关系,是供给曲线。放在一起就能知道价格是多少时才是稳定的。"

"是 100 元啊!"

"是需求曲线和供给曲线相交的地方吧?"

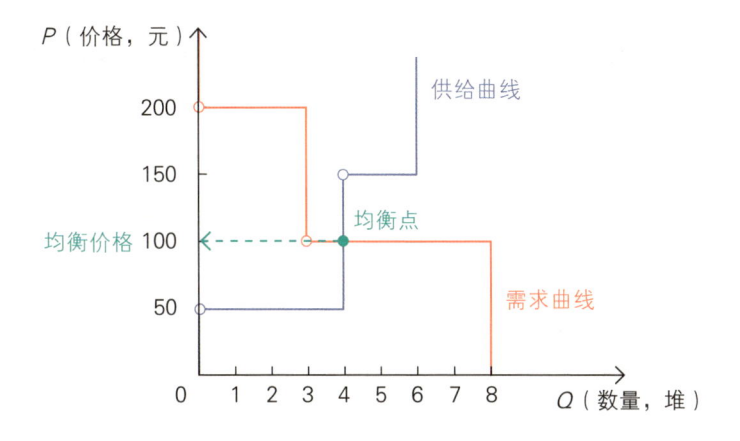

图 2-5　第一次市场的需求曲线和供给曲线

"从两条曲线的结合来看,需求量和供给量相同,既不会剩下也不会不够。"

景浩和在妍高声说。

"是的。如果其他条件没有变化的话,就会稳定地停留在那个价格水平上。最终在市场上会以这个价格进行交易。在第一次市场,95元是平均交易价格。"

"哇!真的是将近100元。"昌珉好奇地说道。

"这就是市场决定价格,市场即'看不见的手'!休息20分钟,稍后继续!"

数学帮帮忙

* 经济概念：需求，供给
* 数学概念：一次函数，一次方程组，反函数

Q1. 我们参考表 2-4，求出星星村一周内消费的面包的需求函数吧？

表 2-4 面包价格和需求量

P（价格，元）	0	2	4	6	…
Qd（需求量，个）	40	33	26	19	…

注：价格和需求量按照一定的比例变化。

两个变量，价格（price）和需求量（quantity of demand）有一定的比例关系，两个变量的关系成为一次函数。需求量（Qd）随价格（P）的变化而变化，所以一次函数是 $Qd=aP+b$。此时 a 为 Qd 的变化量与 P 的变化量的比值。现在在表格中任意选择两个点，比如（0，40）和（2，33），那么得到 $a = \dfrac{Qd\text{的变化量}}{P\text{的变化量}} = \dfrac{33-40}{2-0} = -\dfrac{7}{2}$。可以得出 b 为价格为 0 时的需求量，$b=40$。

因此星星村面包的需求函数是 $Qd = -\dfrac{7}{2}P+40$。

Q2. 面包的需求曲线是如何求出来的呢?

在需求函数中,将价格(P)和需求量(Qd)的位置颠倒的函数,称作反函数,画出图像(图 2-6),就是需求曲线了。即星星村面包的需求函数的反函数是 $P = \dfrac{Qd}{a} - \dfrac{b}{a}$,即 $P = -\dfrac{2}{7}Qd + \dfrac{80}{7}$,把这个画成图看一下吧。

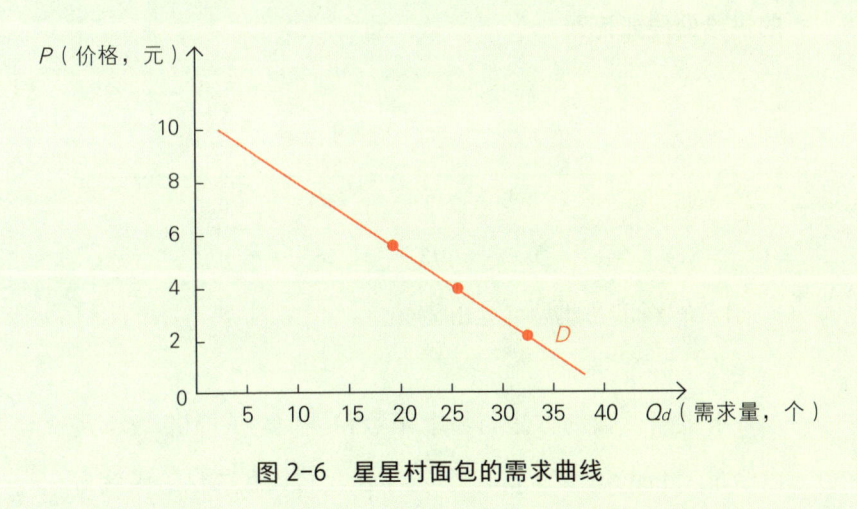

图 2-6 星星村面包的需求曲线

你不觉得需求曲线有点奇怪吗?原来以为会按照需求函数画图,但是感觉横轴和纵轴发生了变化吧?

像这样改变两个变量后形成的函数称为反函数,需求曲线是需求函数的反函数。在经济学中绘制供需图表时,会把横轴和纵轴位置交换过来。据说,一位名叫阿尔弗雷德·马歇尔(Alfred Marshall)的经济学家开了先河,之后这就成了惯例。

Q3. 参考表 2-5,求出星星村面包的供给函数,看看绘制出的供给曲线如何?

表 2-5 面包价格和供给量

P(价格,元)	0	2	4	6	…
Qs(供给量,个)	0	13	26	39	…

注:价格和供给量按照一定比例变化。

求供给函数的方法与需求函数相同。P 是价格,Qs 是供给量(quantity of supply)。这里星星村面包的供给函数为 $Qs=\dfrac{13}{2}P$。

由供给函数 $Qs=\dfrac{13}{2}P$ 可推导出反函数 $P=\dfrac{2}{13}Qs$。如果用图（图 2-7）表示出来就是星星村面包的供给曲线。

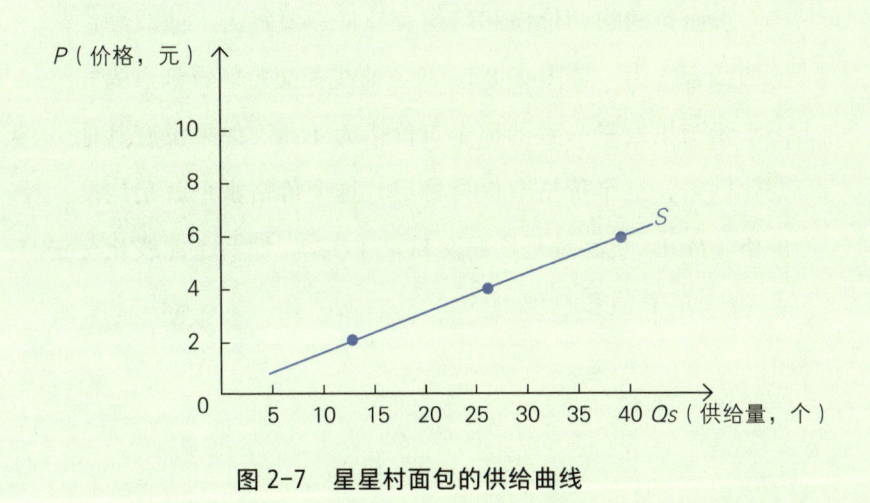

图 2-7　星星村面包的供给曲线

Q4. 利用现在得出的结论，让我们一起找一找星星村消费的面包的均衡价格和均衡交易量是多少呢？

求面包的均衡价格和均衡交易量，要将需求曲线和供给曲线合二为一（图2-8）。两条曲线相交后能看到点吗？需求量与供给量一致的那个点价格为4元。如果没有其他变化因素，这个价格会保持稳定，这个价格水平就是均衡价格（P_e），交易量是均衡交易量（Q_e）。即两条曲线相交点（E）的P值和Q值。

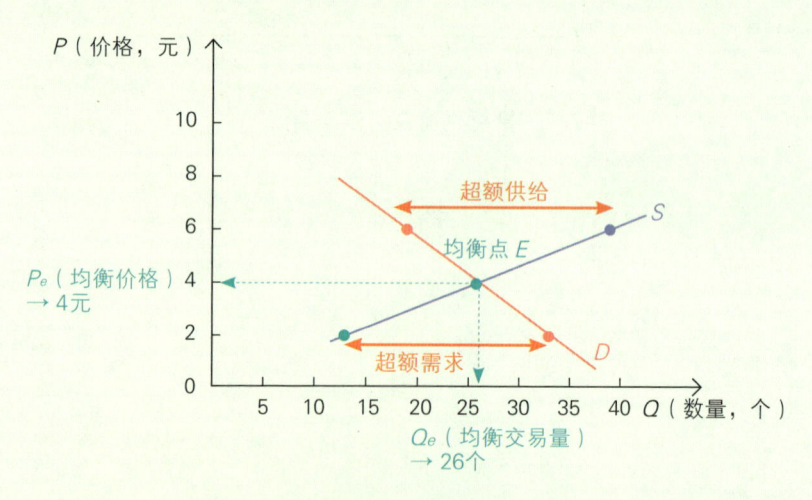

图2-8　星星村面包的均衡价格测定

E 点的 P 值和 Q 值是数学中二元一次方程的解的值。我们找一下满足两个方程式的（P, Q）吧？先将两个方程式并排书写如下，用一个方程式减去另一个方程式。

$$\begin{cases} Q + \dfrac{7}{2}P - 40 = 0 \text{（面包需求）} & \text{①} \\ Q - \dfrac{13}{2}P = 0 \text{（面包供给）} & \text{②} \end{cases}$$

①－②得

$10P - 40 = 0$（面包需求－面包供给）

这样计算的话，$P=4$（元）。再将它代入上述两个方程式中的一个，得出 $Q=26$（个）。怎么样？和我们用图确认的均衡价格和均衡交易量是不是一样呢？

4

供需变化引起价格暴涨

苹果市场中的均衡价格波动

"大家都休息好了吗?第二次星星苹果市场马上就要开始咯。供应商寻找购买者,购买者寻找供应商……"

"这里有新鲜的苹果!快来买吧。"

"多少钱呀?"

娜老师还没说完,讨价还价就已经开始了。

"便宜点吧。超过 100 元我可不买。"

"唉,那我会赔钱的,不行哦。"

这次市场的气氛比第一次更加热闹。

需求和供给的变化，
苹果价格上涨的原因是什么呢？

"当当！第二次苹果市场结束了。请提交交易合同后回到座位。"

随后像第一次市场时一样，娜老师确认了交易内容。

"圭贤，这次的生意做得好吗？交易价格是150元。供应商圭贤的生产成本为50元，购买者诗贤的支付意向价格为200元。供应商得到100元的额外利润，购买者也得到了50元的额外利润哦。"

"喂！你不是说你的生产成本是150元吗？"诗贤对着圭贤怒斥道。

"对不起，做生意的时候不用告诉你我的生产成本吧？"圭贤答道。

"那我们看看其他交易吧。这次是景浩和他的妈妈吗？哇，看看母子间的交易吧。这次景浩是供应商，妈妈是购买者，成交价格是200元！"

"怎么回事，都比第一次市场贵啊？"

"你为什么卖那么贵给妈妈？"昌珉看着景浩开玩笑地说。

"供应商的生产成本为150元，利润为50元，购买者的支付意向价格为 200 元，利润为零！"

"景浩一直都是销售冠军啊！"

娜老师确认了如下交易明细（表 2-6），并整理在了黑板上。

表 2-6 第二次市场交易明细

交易编号	交易价格	供应商的生产成本	购买者的支付意向价格	供应商的额外利润（生产者剩余）	购买者的额外利润（消费者剩余）
1	150 元	50 元	200 元	100 元	50 元
2	200 元	150 元	200 元	50 元	0 元
3	125 元	50 元	200 元	75 元	75 元
4	160 元	150 元	200 元	10 元	40 元
5	95 元	50 元	100 元	45 元	5 元

"这次也有五笔交易。在妍好像没卖出去哦，是很难讲价吗？"

"我这次运气不好。我的生产成本是 150 元，但是我遇到的购买者只能支付 100 元。其他购买者都说已经买完了。"在妍有些遗憾地说。

"是的，如果双方预期的交易金额不合适的话，也有那样的可能。这次市场的平均交易价格是多少？一起算算吧！"

"146元！"这次也是昌珉算得最快。

"真的好快啊！我们一起来验算一下昌珉的计算对不对吧。"

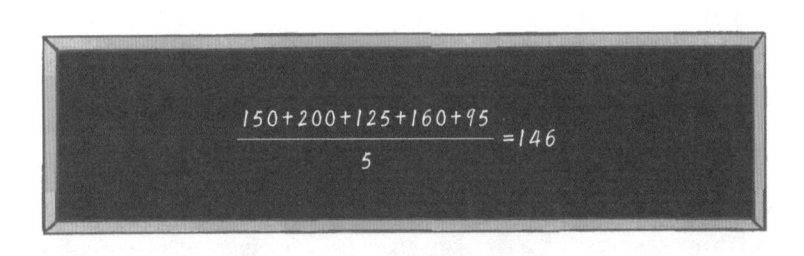

$$\frac{150+200+125+160+95}{5}=146$$

"叮咚！答对了。第二次市场的平均交易价格是146元。"

"价格比第一次市场上涨了很多。刚才不是还不到100元吗？"

对于善雅的提问，在妍补充回答："本来是95元。"

"是不是第二次市场的供应商卖得很贵？"

几个同学讨论起来。

"这里也隐藏着'看不见的手'的秘密！我们改变了购买者和供应商的分布。"

"太好奇第二次市场中供应商和购买者是怎么分布的

啦，娜老师请快点告诉我。"听了娜老师的话，诗贤催促道。

"在第二次市场里，有 4 名购买者的支付意向价格为 200 元，还有 2 名购买者的支付意向价格为 100 元。供应商方面，生产成本为 50 元的供应商有 3 名，生产成本为 150 元的供应商有 5 名。"

娜老师把内容写在了黑板上。

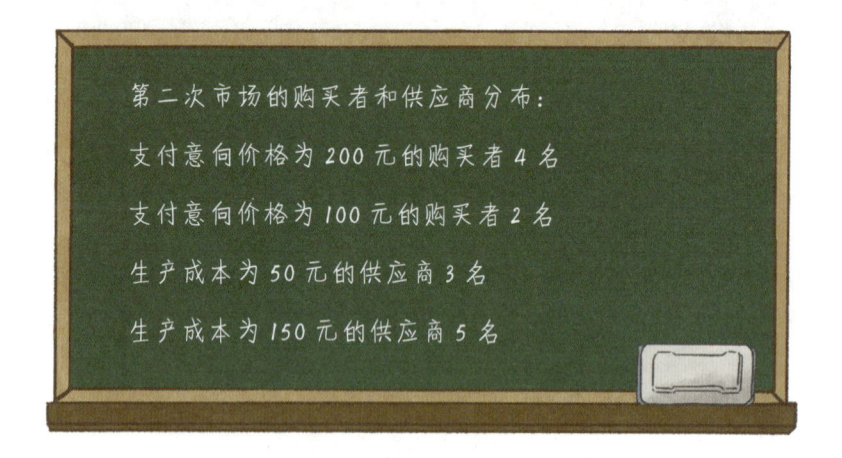

> 第二次市场的购买者和供应商分布：
> 支付意向价格为 200 元的购买者 4 名
> 支付意向价格为 100 元的购买者 2 名
> 生产成本为 50 元的供应商 3 名
> 生产成本为 150 元的供应商 5 名

"根据这个分布，大家直接用表格整理一下价格和需求量的对应关系，还有价格和供给量的对应关系吧。"

"好呀。"

孩子们商量着制作了第二次市场的需求表（表2-7）和供给表（表2-8）。

表2-7　第二次市场的需求表

P（价格，元）	Qd（需求量，堆）
$P > 200$	0
$100 < P \leq 200$	4
$0 < P \leq 100$	6

表2-8　第二次市场的供给表

P（价格，元）	Qs（供给量，堆）
$P < 50$	0
$50 \leq P < 150$	3
$P \geq 150$	8

"做得真的很好。现在请看一看需求表和供给表，在一个图上绘制需求曲线和供给曲线，然后确认一下均衡价格是多少吧！"

大家纷纷开始画图，2分钟后，在妍最先得出了答案。

"在这里，均衡点的价格是150元。"

"哇，在妍已经画完了呢。那我们一起确认一下是不是150元吧。"

娜老师在黑板上画出了第二次市场的需求曲线和供给曲线图（图 2-9）。

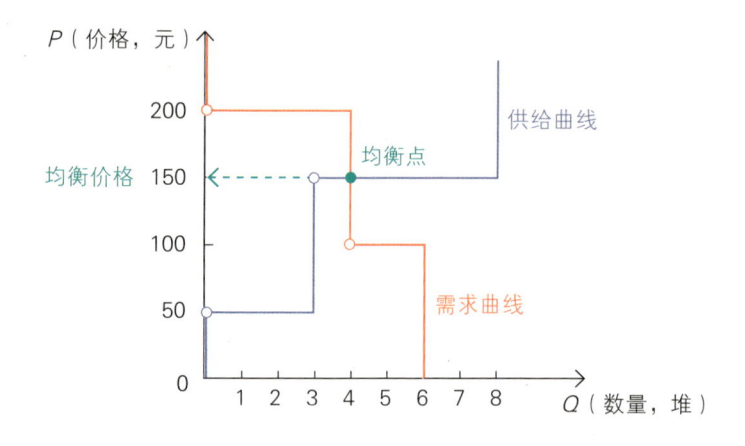

图 2-9　第二次市场的需求曲线和供给曲线

"在第二次市场，需求曲线和供给曲线相交的均衡点的价格是 150 元。第二次市场的平均交易价格是多少？"

在妍刚要确认笔记，就听到景浩喊道："是 146 元！"

"很接近 150 元呢。"

"因为购买者和供应商的分布不同，均衡价格也发生了变化！"在妍用清脆的声音说。

"是的。由于第二次市场的购买者和供应商的分布，进行多次交易后，平均交易价格会越来越接近 150 元。"

均衡价格的变化，
均衡价格随供需变化而变化

"可是老师刚才不是说均衡价格是稳定的价格水平吗？会根据购买者和供应商的分布而变化吗？"

面对宰俊的提问，娜老师好像就在等人问这个问题一样。

"真是个好问题！还记得刚才说'均衡'的时候，有一个前提是其他条件不变，就会保持稳定的状态吗？第一次市场和第二次市场是'其他条件发生变化'的情况。其他条件不变，意味着价格和需求量对应关系的需求函数与价格和供给量对应关系的供给函数不变。"

"嗯，我不太理解……"

"应该是这样：如果研究结果表明'苹果对健康有益，对减肥也有效果'，那么人们对苹果喜爱有加。以前对一堆苹果有100元的满足感，而现在有200元的满足感的人越来越多的话，就会形成新的对应关系。这种情况下需求增加了，需求曲线就需要重新画了吧？这种情况就是'其他条件发生变化'。"

"那么供给变化也一样吗？"在妍接着问。

"是的。种植苹果所需的肥料价格上涨了，这样苹果供应商的生产成本就会增加。如果以前一堆苹果的生产成本是50元,那么现在有可能是150元。这样一来,苹果价格和苹果供给量之间的对应关系就会发生变化,从而形成新的供给曲线。像这样发生需要重新绘制需求曲线或供给曲线的情况,就是'其他条件发生变化'。这时均衡点也会发生变化,均衡价格和均衡交易量都会发生变化。在这种情况下,供给减少了。"

"比较第一次市场和第二次市场的交易价格分布可以看出,第二次市场中,支付意向价格较高的购买者更多,而且生产成本高的供应商也更多。"在妍看着笔记本上的记录说道。

"是的。比较一下第一次市场的需求曲线和第二次市场的需求曲线,曲线不是向右移动了吗?如果供给没有变化,第一次市场的供给曲线不变,只有需求曲线像第二次市场一样变化会怎么样呢?"

"那么,随着交易量的增加和均衡价格的上涨,均衡点会移动吧?"

"真的是那样啊?那么,供给曲线发生变化会怎么样呢?"善雅问道。

"对比第一次市场的供给曲线和第二次市场的供给曲线,会发现什么?"

"好像往左移动了一点啊?"

"是的。在第二次市场中,生产成本高的供应商增多,可以看作是生产成本上升导致供给减少。当供给减少时,供给曲线向左移动,就是均衡价格上升,交易量减少。"

"与第一次市场相比,第二次市场是需求增加和供给减少同时发生的,因此均衡价格必然会上涨。"

善雅话音刚落,在妍又补充道:"需求增加和供给减少都是均衡价格提高的因素,所以只能这样。嗯,那么需求增加是交易量增加的因素,供给减少是交易量减少的因素，如果不知道哪个因素的影响更大，就无法预测交易量的变化。"

"对，现在思路很清晰了。"

"但是老师，现在的图（图 2-10）是阶梯形状的，为什么叫曲线呢？"诗贤小心翼翼地举手问道。

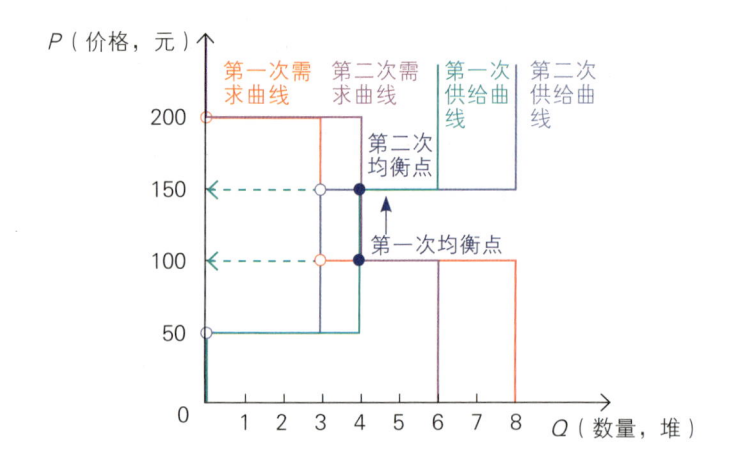

图 2-10　均衡点的移动

"啊，是啊，是个好问题！这里出现的需求曲线是像阶梯一样断裂的直线形态，为什么叫作曲线呢？在买卖苹果的市场游戏中，如果只有支付意向价格为 100 元和 200 元的购买者，就会出现这种形态。在实际需求函数中，购买者和供应商会非常多，所以会画成连续形态的直线或曲线——即使画出来是直线,也称为需求曲线。"

诗贤听懂了娜老师的解释,连连点头。

"今天大家都玩得开心吗?参加游戏的爸爸妈妈们也辛苦了!现在下课啦。"

数学帮帮忙

Q1. 需求变动和需求量变动的差异是什么呢?

需求变动是指价格和需求量的对应关系需求函数本身发生了变化。继续以星星村面包为例吧。村子本来维持良好的 4 元的面包均衡价格。此时发生了变化,有传言说,年末吃面包会给下一年带来好运,于是买面包的村民比以前多了。因此,价格和需求量的对应关系发生了如下变化(表 2-9)。

表 2-9 星星村面包随价格变化的需求量

P(价格,元)	0	2	4	6	⋯
$Qd\,new$(需求量,个)	50	43	36	29	⋯

新的函数是 $Qd\,new=-\dfrac{7}{2}P+50$,对 P 整理出来的反函数为 $P=-\dfrac{2}{7}Qd\,new+\dfrac{100}{7}$,这是新的需求曲线。本来的需求曲线用 D 表示,新的需求曲线用 $Dnew$ 表示,供给曲线仍用 S 表示。

从图 2-11 来看，我们可以知道，均衡点从 E 移动到 E' 了。均衡价格上涨，均衡交易量也增加了。随着需求的增加，需求曲线向右移动（向横轴方向平行移动）。如果反过来需求减少，需求曲线会向左移动。

在这里要注意一下，不能混淆需求变动和需求量变动！需求变动是需求函数的变化，但需求量变动不是需求函数的变化，需求量变动并不表示需求函数变化。也就是说，价格和需求量的对应关系不变。价格变化会导致需求量发生变化——在需求曲线 D 上从 A 点移动到 E 点就是

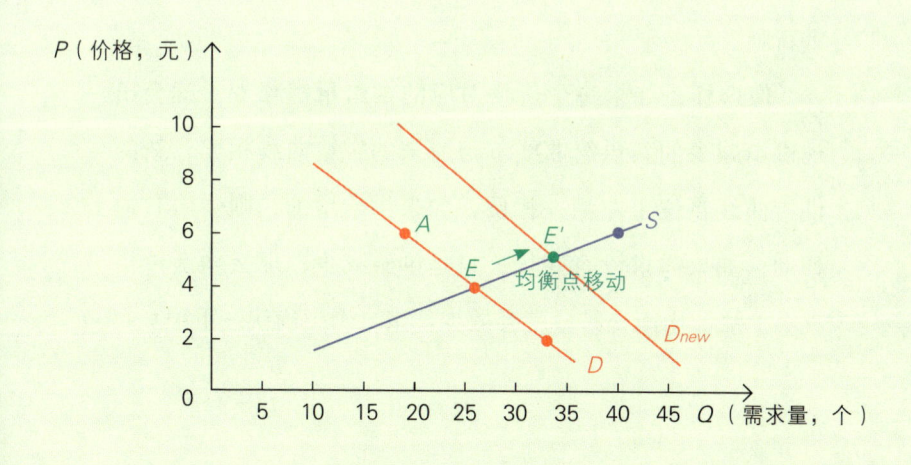

图 2-11　需求增加时的均衡点变化

这种情况。市场的均衡并不是从一开始就能达到的，而是随着价格的上涨、下跌，找到一个既不会过剩也不会不足的点。

Q2. 供给变动和供给量变动的差异是什么呢？

供给也会和需求一样发生变化。如果制作面包的主要材料面粉价格暴涨，面包的生产成本就会上涨。当生产成本增加时，每个价格对应的供给量都会减少。价格和供给量的对应关系变了，可以说供给函数变了，供给曲线也要重新画。

像这样，如果每个价格对应的供给量都减少，就会出现供给减少的新供给曲线。与原来的供给曲线相比，新的供给曲线将位于左侧。相反，如果供给增加，则会向右边移动。如果需求没有变化，只是供给减少，那么均衡价格就会上涨，均衡交易量就会减少。亲自画图确认一下吧！

Q3. 当供需同时变化时,均衡价格和均衡交易量如何变化?

需求增加和供给减少都是均衡价格提高的因素,如果两个因素同时发生,均衡价格就会上涨,但是无法预测均衡交易量会如何变化。因为需求增加是交易量增加的因素,供给减少是交易量减少的因素,但不知道哪个产生了更大的影响。

如果需求减少和供给减少同时发生,均衡交易量就会减少,但均衡价格的变化是无法预测的。像这样如果供需同时变化,均衡价格和均衡交易量的变化方向中的一个是可以预测的,但另外一个是无法预测的。看看新闻,试着预测一下大家感兴趣的商品会有什么样的市场变化吧。

经济概念小贴士

牢牢记住市场定律

（1）决定均衡价格

通过苹果市场实验，我们绘制了需求曲线和供给曲线。教室里的购买者和供应商有限，曲线的形态像阶梯一样，但实际上购买者和供应商应该是数量庞大的。假设供应商的产品质量都是一样的，假设购买者的支付意向价格和供应商的生产成本也有无数种可能，在这种情况下，需求曲线和供给曲线如图2-12所示。

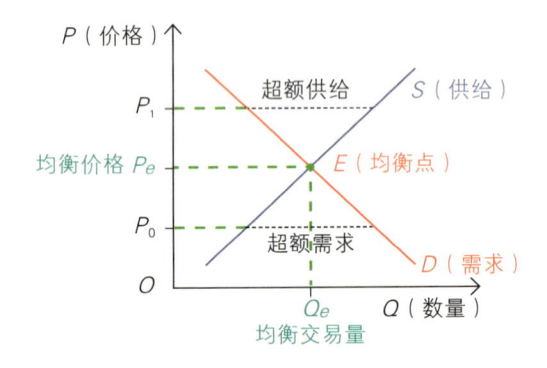

图2-12 决定均衡价格

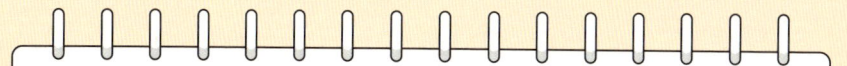

如果价格是 P_1,那么供给过剩,供应商想低价出售,所以价格会不太稳定;如果价格是 P_0,则相反。如果价格是 Pe,就不会过剩,也不会短缺,市场会保持稳定。Pe 一般称为均衡价格,Qe 称为均衡交易量。如果其他条件不变,则市场仍停留在 E 点,即均衡点。

(2)需求变化和需求量变化的区别

当市场出现购买者增加或供应商生产成本上升等价格以外的变化时,就是"其他条件发生变化"。有了这些变化,就会产生新的需求函数或供给函数,均衡点的位置也会发生变化。如果苹果比以前更受人们欢迎,那么不管苹果市场上卖什么价

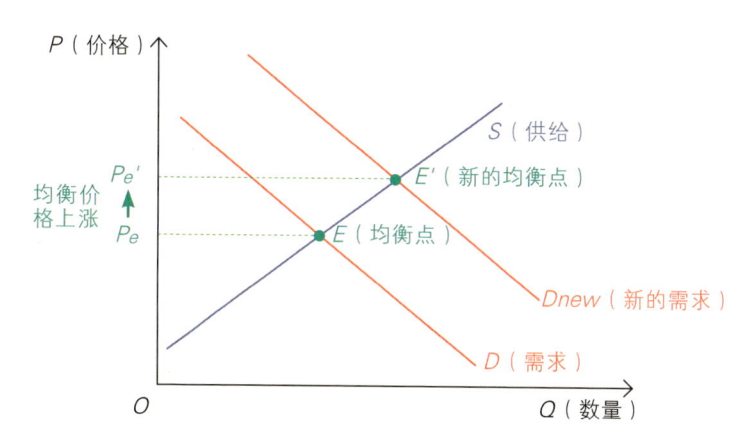

图 2-13 需求增加导致的均衡价格上涨

格的苹果，购买的数量都会增加。在这种情况下，需求曲线与供给曲线如图 2-13 所示。

价格和需求量的对应关系发生了变化，重新画出的需求曲线发生了变化，我们称其为"需求变化"。如果需求增加，需求曲线会向右移动，均衡价格会上涨，均衡交易量也会随之增加。如果需求减少，需求曲线会向左移动，均衡价格会降低，均衡交易量也会减少。需求的变化因素包括偏好的变化，需求者人数的增减，可代替使用的商品、同时使用可增加满足感的商品等关联商品（替代品、互补品）的价格变化等。价格变化带来的需求量的变化并不是需求的变化。因为它会像图 2-14 一样，在需求曲线上移动，不会发生均衡点

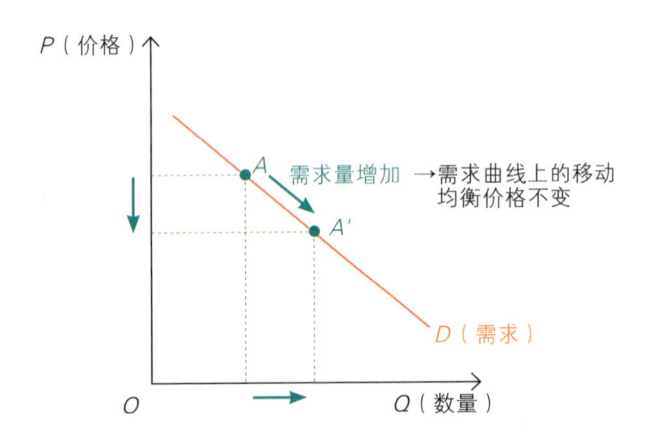

图 2-14　需求量随价格变化

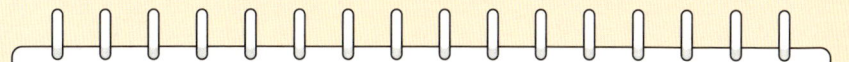

的变化。

供给的变化也是同理。如果智能手机的生产技术得到了提高，用同样的成本就可以生产更多部手机了。随着每一种价格对应的供给量增加，价格和供给量的对应关系发生变化。此时供给曲线向右移动，均衡价格降低，均衡交易量增加。造成供给波动的原因有技术进步、生产成本变化等。如果供给量随价格变化而波动，这是供给曲线上的变化，所以均衡点不变。

（3）使需求变化的关联商品：替代品、互补品

假设有些人喝可乐和橙汁都无所谓。可乐价格上涨对橙汁的需求有什么影响？如果可乐价格上涨，可乐的需求量就会减少，橙汁的需求量就会增加。当 X 的价格上涨时，如果 Y 的需求量增加，X 和 Y 之间就存在替代关系。

再举一个例子。有的人吃炸薯条的时候，一定要蘸番茄酱。随着薯条价格的上涨，薯条的需求量减少，番茄酱的需求量也随之减少。当 X 的价格上涨时，如果 Y 的需求量减少，则 X 和 Y 存在互补关系。薯条价格的上涨导致番茄酱的需求曲线向左移动。因为从番茄酱市场的需求曲线来看，薯条价格是"其他条件发生变化"中的一种因素，而不是番茄酱价格发

价格↑

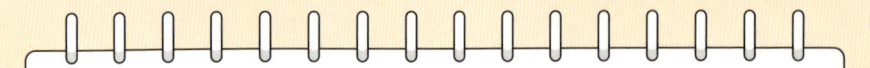

需求量↓

生变化。像这样，替代品或互补品的价格变化，会影响商品本身的需求曲线。

> **经济用语**
>
> - **需求量**：在一定时期内按特定价格购买的量。
> - **供给量**：在一定时期内按特定价格出售的量。
> - **需求**：价格与需求量的对应关系。
> - **供给**：价格与供给量的对应关系。
> - **均衡价格**：其他条件不变时保持稳定的价格。

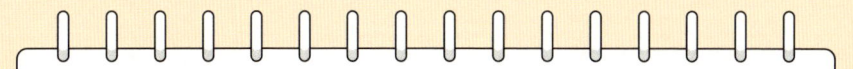

- **替代品**：如果 X 的价格上涨时，Y 的需求量增加，X 与 Y 存在替代关系。
- **互补品**：如果 X 的价格上涨时，Y 的需求量减少，X 与 Y 存在互补关系。

第三章

当"看不见的手"失效：

隐藏在各种市场中的经济原理

1

垄断联盟注定崩溃吗?

通过校服市场观察垄断市场

"用过微软 Windows 系统的人请举手!"

娜老师一来到教室,就问了莫名其妙的问题,七位同学都惊讶地举起了手。

"大部分人都用那个系统吧?虽然有些人也用苹果系统。"宰俊说。

"微软公司的 Windows 程序几乎垄断了市场,却只收取 100 多美元的价格。但是这样垄断市场的话,是不是可以提高价格,以 1000 美元、1 万美元的价格出售呢?"

"这个嘛,如果价格太高的话,买的人应该很少吧?"景浩说。

"试想一下,假如我们是一家垄断校服生产的企业,制作校服每件需要 250 元的成本。市场上愿意支付 450 元的消费者有 12 人,愿意支付 350 元的消费者有 18 人,愿意支付 300 元的消费者有 6 人,那么,定价多少利润最大呢?"娜老师在黑板上画着表格(表 3-1)说。

表 3-1　校服市场的消费者分布 A

支付意向价格	消费者数量
450 元	12 名
350 元	18 名
300 元	6 名

寡头垄断和秘密协商,
为什么企业会冒着风险秘密协商呢?

"如果校服的价格定在 500 元以上,一件都卖不出去,对吧?如果卖 450 元的话,利润是多少呢?"

"如果销售 12 套,销售额为 450 元 × 12 套 =5400 元,从销售额中减去总生产费用(250 元 × 12 套 =3000 元)……利润是 2400 元!"

善雅一边算,一边慢慢地说。这时,另一边的昌珉已经快速算完。

"350元!350元的时候利润是最大的!算出来了,价格350元时,利润是3000元。300元的时候是1800元。"

"价格高不代表利润就一定会高啊?"

"根据消费者的支付意向价格,垄断企业实现利润最大化的价格水平也会有所不同,要好好计算后再决定价格。"

诗贤和宰俊依次说。

"对啊,现在假设有三个校服公司——谁想扮演?先到先得!"

景浩、昌珉、诗贤迅速举手。

"好吧,就让景浩、昌珉、诗贤扮演校服公司吧。三个人一起定价格、定产量,最后的利润平分。每套校服的生产成本是250元。我来告诉你们市场上消费者的分布情况。"

娜老师在黑板上画出了消费者分布表(表3-2)。

表3-2 校服市场的消费者分布B

支付意向价格	消费者数量
1000元	3名
750元	1名

"其余四位同学都是消费者。这里分别写着每人在校服上感受到的价值,即支付意向价格。"

善雅、在妍、宰俊、圭贤收到了写有校服支付意向价格的纸条。

1号

你是校服消费者,支付意向价格是1000元。

你的额外利润是"1000元 − 支付的价格"。

2号

你是校服消费者,支付意向价格是750元。

你的额外利润是"750元 − 支付的价格"。

1号纸条有3张,2号纸条只有1张。每个人收到的纸条都是随机的。

扮演校服公司的三位同学聚在一起商议。

"价格应该定为1000元。1000元会有三人购买，那么销售额是3000元，除去总生产成本750元，利润是2250元。"

"好吧，价格定为1000元，我们每人生产一套校服吧。如果将利润平分的话，每人将获得750元。"

景浩、昌珉、诗贤击掌结束了商议。

"校服公司准备好了？那我们开始吧！"

"来吧，我这有一套校服卖！"

景浩首先以1000元的价格将一套校服卖给了善雅，昌珉和诗贤也分别以1000元的价格出售。和预想的一样，分享了750元的利润。

"怎么回事呀，太无聊了吧？都和我们预想的一样啊？"诗贤说。

"即使这样，也还能赚很多利润吧？这次换个方式卖校服吧。扮演校服公司的三位同学，和刚才一样，但有一个变化——扮演公司的同学隔着坐，不要让其他公司知道自己的校服卖多少钱，可以隐瞒真相。"

"即使这样，我们也会遵守约定！消费者分布相同吗？"诗贤问道。

"消费者的分布也是一样的。那么,三个校服公司,这次拉开距离卖校服吧。"

卡特尔的崩溃,
诗贤的校服没卖出去的原因

宰俊和诗贤交流过后,去景浩那里买了校服。善雅和圭贤刚开始也分别去了诗贤和昌珉那里,但是最终也从景浩那购买了校服。看着这一幕的昌珉抓住最后一位消费者在妍,说着说着就卖掉了校服。交易全部结束后,大家开始分享交易的情况。

宰俊先开口了:"我的支付意向价格是 750 元,所以校服卖 1000 元的话我是不会买的。去诗贤那里一看,他卖 1000 元。我没买,又去了景浩那里。结果景浩卖 750 元。"

"我的支付意向价格虽然是 1000 元,但是觉得景浩卖得很便宜,所以去了景浩那里。"

"我也是。"

善雅和圭贤说。

"那三个人都是用 750 元买的啊?那在妍花多少钱买的?"

"我也想去景浩那里,但是昌珉挽留了我,说他的校服卖得更便宜，我用 700 元买的。"

"你们那样违反约定！不是说好卖 1000 元的吗？"诗贤瞪着景浩和昌珉说。

"我一开始是想遵守，但我看那家伙偷偷摸摸的，有点古怪。"

"那还用说吗！"

"三家公司打起来了！本来就应该是这样的。大家正在上演'卡特尔（cartel）的崩溃'。"娜老师一边劝三个孩子一边说。

"卡特尔？"诗贤问道。

"嗯，像这样，在一个市场上，企业数量不多的情况称为'寡头垄断'，垄断企业之间共同制定价格和生产量等，就叫作'串谋'。三家商家约定价格就是串谋。在价格、生产量等方面签订协议而形成垄断形式的企业联盟称为'卡特尔'。价格的制定通常是为了获得最大利润，所以比企业更多的市场要高。企业少，供给量当然也少。但是，要遵守约定不是件容易的事情，对吗？"

"保持沟通不是对双方都有好处吗？"

诗贤的反应让圭贤提高了嗓门："喂，他们自己串通好，提高价格有什么好处呢？这是在愚弄消费者！"

"但企业遵守约定并不像说的那么容易。诗贤遵守了以

1000元卖出去的约定，但是景浩和昌珉没有遵守，由此可见一斑。另外，约好各制作一套校服，但是景浩多制作了两套！只有诗贤遵守了约定，他花了250元制作的校服卖不出去，算是吃亏了。"娜老师说。

"我以为即使我不遵守约定，其他公司也会遵守约定。总之我的选择是最优的。再便宜点卖，消费者会蜂拥而至，获利更多！"

"我觉得景浩好像违反了约定，如果什么都不做的话，大概只有我会吃亏，所以我就打破了约定，以低价出售了。"对于景浩的话，昌珉也不甘示弱。

"不管其他企业遵守约定还是不遵守约定，看起来不遵守约定对自己比较有利啊？"

"那么暗箱操作的关系必然会破裂！"

善雅和在妍说。

"一起遵守约定才对彼此有好处啊！要那样考虑才行啊！"圭贤说。

"但是老师，如果说暗箱操作的关系肯定会破裂——我们在实验中也是这样——可实际上我们买校服的时候，校服公司推出的价格几乎差不多。冬季校服价格将近2000元！我妈妈说太贵了，去了另外两家校服销售店，价格几乎差不多。"

卡特尔

"是的。我记得我妈妈也说太贵了。"

"我也是。"

诗贤和圭贤对宰俊的话也有同感。

"我们第二次实验的校服市场不是只做一次就结束了吗?在现实中,不是一次就结束的,会继续进行。如果三个公司协商了,谁不遵守约定,就可能会遭到报复。如果他们互相竞价,互相降价,最终大家都会吃亏,所以这些公司可以好好遵守约定。实际上校服公司的'串谋'曾引发过问题!垄断企业的这种串谋,会给消费者带来损失,所以被法律禁止了。"

听到娜老师说串谋是非法的,圭贤说道:"当然,应该如此,这样才能遵守约定!"

"是的,校服费用真的很有负担。"在妍补充说。

"虽然将串谋行为定为非法,但揭发起来并不容易。串谋的企业为了不被政府管制,想出了隐秘而巧妙的方法。"

"果然!要想赚钱就得动脑筋!"

"这样像话吗?要遵守法律。"听到景浩的话,圭贤斥责道。

"现实中有串通一气的情况吗?政府应该也会动脑筋去抓吧?"

"有,韩国公平交易委员会(KFTC)每年都会揭发数十起企业串谋事件，这些企业会被处以罚款。"

对于圭贤的提问，娜老师做出了回答。

"我小时候，听说过方便面企业的串谋！"

"对，我也听说过。"

"巧妙的手法是什么？"善雅问道。

"嗯，虽然我也不太清楚，但听说串谋的企业之间不会直接开会，也不会打电话要求提高价格。市场占有率高的企业会先涨价，其他企业跟着涨价——以这种方式进行磋商。"

"罚款是多少？"景浩问道。

"据说方便面企业因为串谋，共被处以5亿元以上的罚款。"

"天呐！真的好多啊！"

"但是如果禁止串谋，公司之间会不会展开激烈的价格竞争呢？就像我们那样。"

"正如昌珉所想的那样，公司之间也有可能这样。不过，大部分公司也知道价格竞争对彼此都没有好处，所以那样的情况似乎并不多。那今天的课就上到这里吧。"

数学帮帮忙

∗ 经济概念：垄断，串谋
∗ 数学概念：博弈论

Q. 处于策略形势下的两家公司如何降低广告费用呢？

我们在做决定之前，经常需要考虑别人的行为。当自己产生的利润不仅受到自己的影响，也受到别人的影响时，我们通常使用"处于策略形势下"来形容这种情况。在这种策略形势下，分析、研究如何进行决定的理论称为"博弈论"。博弈论是经济学的一个领域，也是应用数学的一个领域，在政治学、生物学（进化论）、哲学等多个领域都有应用。那么，让我们通过博弈论来分析一下处于策略形势下的两家公司的决策。

现有 A 公司和 B 公司，它们是仅有的两家在各国制造智能手机的公司。两家公司在激烈的竞争中推出产品，也在竞争中做很多关于新产品的广告。如果 A 公司的广告比 B 公司多，A 公司的产品就会畅销。

但是如果两家公司同时做广告，广告费用会很高且没有效果，所以两家公司约定一起少做广告。如果两家公司一起遵守约定，少做广告，则会有4000万元的利润。如果两家公司都违反约定，多做广告的话，会有2000万元的利润。如果一方遵守了约定，而另一方违反约定，遵守的一方将获得500万元的利润，违反的一方则将获得5000万元的利润。

那么，我们来看看站在A公司的立场上，做什么样的行动比较有利吧。假设对方的策略已经确定，此时，对自己最有利的策略被称为"最佳应对策略"。在表格（表3-3）中，将A公司的最佳应对策略标记为〇，将B公司的最佳应对策略标记为△。

表3-3　不同情况下A公司和B公司的利润

应对策略		B公司	
		守约（减少广告宣传）	不守约（增加广告宣传）
A公司	守约（减少广告宣传）	4000万元，4000万元	500万元，5000万元 △
	不守约（增加广告宣传）	5000万元，500万元 〇	2000万元，2000万元 〇△

首先假设 B 公司遵守约定，寻找 A 公司的最佳应对策略。遵守约定的话会得到 4000 万元的利润，不遵守的话会得到 5000 万元的利润，所以不遵守约定，多做广告比较有利。

接下来假设 B 公司违约。B 公司违反了约定，如果 A 公司遵守约定少做广告，A 公司将获得 500 万元的利润，如果两家公司都违反约定多做广告，将分别获得 2000 万元的利润。在这种情况下，违反约定也是有利的。从 B 公司的立场来看也一样。

从表 3-3 来看，两家公司的最佳应对策略之间是有交集的。这样最佳应对策略之间的相交点称为"纳什均衡"。A 公司和 B 公司都不遵守约定是唯一的纳什均衡。两家公司的最佳应对策略都是，不管对方是否遵守约定，自己都要违反约定，让对方得不到好处。而实际上双方都遵守约定，少做广告，各获利 4000 万元比较好。

在实验经济班，校服公司之间进行了串谋，但有人没有遵守约定，这个案例也可以进行同样的分析。在生活中，我们很多时候也会遇到这种情况。

邻近的两家百货商店在确定打折时间或决定折扣力度

时，也要考虑对方的策略。下棋的时候，笨手笨脚的一招是好还是坏，很多时候都取决于对方的下一招。在战略情况中，想象一下对方的行动已经定下来了，预测一下什么行动是有利的。只要有一个纳什均衡，就很容易预测行动，但在不同的情况下，也存在多个纳什均衡。在这种情况下，通过过去的经验和选择积累的数据也会影响行动。

　　这是可以在我们的现实生活中运用的博弈理论，是不是很有魅力？

2

"老字号"为什么可以卖得贵一点?

炒年糕市场中的垄断和竞争

"我们今天去远一点的地方吃午饭吧?新堂洞怎么样?那里有炒年糕街!即食炒年糕街!"

"好啊!如果是炒年糕街的话,很容易选到好吃的店吧!"

在娜老师的提议下,大家一起坐公交车去了新堂洞。

哇,这里真的有很多炒年糕店啊!

"美食店在哪里?为什么这么多店贴着'元祖'?"昌珉和景浩问道。

"是啊,但我真的知道'元祖'在哪里!"

娜老师走进一家店,点了炒年糕。

垄断竞争市场，
商品差别化赋予供应商定价能力

看着正被咕嘟咕嘟地煮的炒年糕，娜老师说："这里真的是新堂洞即食炒年糕的原创店。但是价格比其他店贵一点，贵大概 2.5 元？"

"不都是一样的炒年糕吗？"

"就像在苹果市场实验中学到的那样，如果均衡价格决定了，不是应该遵守吗？这也不是垄断市场吧？有那么多店铺。"宰俊和圭贤依次问道。

"苹果市场的实验，你还记得吗？"

"啊，记得，是一样的商品质量。"在妍拿出便条回答。

"市场上的价格由'看不见的手'决定，无论是消费者还是供应商都无法影响价格。但这家店的炒年糕调料和其他店不同！这就是重点。"

"品质不一样的话，还能吸引顾客吗？"景浩眨了眨眼睛说。

"是的。如果有无数个供应商生产同样质量的商品，一个供应商定价比均衡价格更高的话，消费者就会被吓走吧？但如果能像这家炒年糕店一样，用自己的技术或诀窍，与其他店铺区别开来，就可以对价格产生一点影响力。"

"哇，市场种类繁多。"在妍惊讶地说。

"像苹果市场实验中那样，生产同样品质的供应商很多，需求者也很多，这样的市场称为'完全竞争市场'。而像这里的即食炒年糕市场一样，虽然供应商很多，但在商品上逐渐差别化的市场称为'垄断竞争市场'。"

"那么供应商对商品价格的影响程度应该是'垄断＞寡头＞垄断竞争＞完全竞争'的顺序吧？"在妍在笔记本上留言时说。

需求垄断，
需求者具有定价能力

"垄断确实是对供应商定价能力影响最大的决定性因素。寡头的情况是，企业可以相互竞争，也可以一起行动，这取决于具体情况。另外还有一点，不一定只有供应商能够垄断。"

"什么？也有购买者垄断的情况吗？"善雅惊讶地问道。

"例如，有很多供应汽车零部件的公司，但如果只有一家汽车公司，那么汽车零部件市场就会成为需求垄断。"

"那么购买者会对价格产生影响吗？"

"这里的购买者是购买零部件的汽车公司，所以汽车公司会对零部件价格产生影响。"

听了娜老师的话，善雅和在妍说。

"嗯，算是吧。"

"苹果公司创始人史蒂夫·乔布斯第一次推出 iPhone 时，苹果手机在生产和需求上都是垄断的。因为当时要买智能手机，只能买 iPhone，生产智能手机配件的企业也只能卖给苹果公司。当时苹果公司应该有着强大的市场垄断力。"在妍用苹果手机的例子进行了总结。

"今天来吃炒年糕真是太对了,不知不觉中就学到了知识。"

娜老师说完,炒年糕刚好熟了,于是大家拿起筷子,吃了起来。

3

为什么总是买到坏的二手车?
二手车市场中的信息不对称和逆向选择

"欢迎大家来到柠檬二手车市场!"

娜老师向实验经济班的同学们挥手说。同学们在炎热的天气里,刚在操场上踢完足球,大汗淋漓地回到教室。

"我……表哥也一起来了,没关系吧?他在大学里学习经济学,想观摩我们上课!"景浩指着站在旁边的哥哥说。

"当然了。欢迎!我们喝一杯清凉的柠檬水再上课吧?"

"老师最棒啦!谢谢!"

孩子们接过饮料,一个个坐在座位上,娜老师愉快地说:"好了,看到放在桌子上的纸了吗?上面写着今天实验中二手车市场的角色。"

> **示例1** 　　**柠檬二手车市场角色信息**
>
> 　　第一次市场：二手车经销商
> 　　利润＝一辆二手车的平均市场价值 × 购买的二手车数量 − 购买二手车所支出的金额
>
> 　　第二次市场：坏二手车的车主
> 　　利润＝销售价格

> **示例2** 　　**柠檬二手车市场角色信息**
>
> 　　第一次市场：好二手车的车主
> 　　利润＝销售价格 −80000 元
>
> 　　第二次市场：坏二手车的车主
> 　　利润＝销售价格

"柠檬二手车市场的经纪人，你们好呀！今天，一部分同学要扮演二手车车主，卖自己的车，另一部分要扮演二手车经销商来买二手车。"

"经销商?"诗贤问道。

"嗯。经销商就是从企业进货的商人,他们以向消费者转售货品,赚取差价为目的。在这里,经销商相当于向二手车车主购买汽车的购买者。大家确认一下自己的角色,是经销商还是车主!"

听了娜老师的话,孩子们都看了看收到的纸片,确认了自己的角色。

"如果是二手车车主的话,会写着自己的车是好车还是坏车。但是这个信息要绝对保密!坏车也装作好车卖就行了!"

"是让我诈骗吗?"

"有什么骗人的?不说不就行了吗?"

景浩刚说完,昌珉就反驳了。

"孩子们,大家可以这样想,人们倾向于释放出对自己有利的信息,而隐瞒不利的信息。如果要卖用过的车,不管怎么说,车主比想买车的人更了解车的状态,购买者只能知道部分基本信息。在这次实验中,仅凭二手车的外观状态无法区分好车和坏车,所以坏车的车主一定不想透露自己的车况。"

听到娜老师的话,景浩和昌珉点了点头。

"好了,在柠檬二手车市场上,好车的车主至少要收到

80000元才有卖的意向。在他们心里，与其以低于80000元的价格卖，还不如自己继续开。坏车的车主要想尽一切办法卖出，如果卖不出去就只能扔掉。每位二手车的车主都只能卖一辆车。"

"经销商要怎么购买二手车呢？我是经销商。啊，这是可以说的吗？"在妍说自己是经销商后很惊慌。

"没关系，承认自己是经销商也没关系。经销商可以买好几辆二手车。你可以报出自己想买的价格，然后去见二手车的主人。当然，也可以讨价还价。但是，不管买几辆，都要以一个价格购买。"

"经销商的利润怎么计算？"景浩问道。

"经销商购买二手车后，会卖给消费者。消费者愿意为好车支付175000元，为坏车支付25000元。所以经销商的利润是'一辆二手车的平均市场价值 × 购买的二手车数量 − 购买二手车所支出的金额'，据此计算出来就可以了。"

"什么？一辆二手车的平均市场价值是什么？"诗贤问道。

"好问题。孩子们，这里有六个车主来柠檬二手车市场卖车，如果好车和坏车各占一半。那么汽车的平均市场价值是多少呢？"

"好车175000元和坏车25000元正好取平均值，应该是100000元吧!"宰俊说。

"如果说四个人的车是好车,两个人的车是坏车,六辆都成交了,这时汽车的平均市场价值是多少?"

"125000元!"昌珉举起手说。

"哦,昌珉算得真快。来,我们一起想想吧。"

"(175000元×4辆+25000元×2辆)÷6辆=125000元,是这么计算的吧?这是一辆汽车的平均市场价值。那么在这个市场上,如果经销商用每辆50000元的价格买了两辆二手车,他的利润是多少呢?"

"一辆汽车的平均市场价值为125000元,因为买了两辆,所以是250000元,如果去掉经销商支付的100000元,利润就是150000元!"这次昌珉也飞快地计算说。

信息不对称,
每辆二手车可以期待的价值是?

"那么,第一次二手车市场就开始吧?经纪人可以开始说话了。在市场开始之前,我有重要的信息要告诉你们!这次市场有三辆好车和两辆坏车!大家开始交易吧。"

在妍、圭贤、景浩是第一次二手车市场的经销商。

在妍拿着写了"以110000元购买"的纸，站在教室前窗户的拐角处。圭贤则跨坐在教室储物柜那里，拿着的纸上写着"以55000元购买"。

另外一个经销商景浩则没有公开自己的价格，安静地观察着情况。宰俊已经去在妍那里开始讨价还价了。

"在妍，我的车是好车，应该能以175000元的价格卖给消费者。我特别以150000元的价格卖给你，那样也有25000元的利润啊。"

"我最多只能给110000元。"

"不，我的车是好车，你不相信吗？"

在妍一动也不动，宰俊就去了另一个经销商那里。这次昌珉走近在妍问："要买我的车吗？"

"好吧，就以110000元成交吧。"

两人很顺利就签订了合同。

过了一会儿，喧闹的交易现场安静下来，娜老师宣布："第一次市场结束了！"然后，她将经销商提交的交易合同填写在表格（表3-4）中，放在教室屏幕上。

"刚才宰俊不是把车卖给在妍的吗？什么时候卖给景浩的？"娜老师看着宰俊问道。

表 3-4　第一次市场二手车购买记录

二手车经销商　__圭贤__

二手车车主（卖方）	所购车辆的登记编号	成交价格	购买后公开车况
善雅	A2	55000 元	坏车

二手车经销商　__在妍__

二手车车主（卖方）	所购车辆的登记编号	成交价格	购买后公开车况
昌珉	A1	110000 元	坏车
诗贤	F1	110000 元	好车

二手车经销商　__景浩__

二手车车主（卖方）	所购车辆的登记编号	成交价格	购买后公开车况
景浩表哥	F3	115000 元	好车
宰俊	F2	115000 元	好车

"那个……最后好不容易卖了。刚开始跟在妍说,我的车真的很好,让她以 150000 元买,在妍说这个价格她不买!其实本来想讨价还价的,但因为一上来就遇到这么坚持价格的经销商,所以有点伤心。不过,景浩给了我更高的价格!"

"原来如此,做得真棒。那么也听听经销商在妍的立场吧?"

"是的,我定了 110000 元的价格,没有再讨价还价了。既然有三辆好车两辆坏车,当这些车全部成交的时候,计算一下一辆二手车的平均市场价值,(175000 元 × 3 辆 + 25000 元 × 2 辆)÷ 5 辆 =115000 元,相当于我每辆车可以期待的价值是 115000 元。所以我认为每辆车的收益在 5000 元左右,所以把价格定为 110000 元。"

"哦,有点逻辑啊!圭贤,你没吃亏吧?"景浩感叹着在妍的逻辑,问圭贤。

昌珉勃然大怒,替他说:"当然是亏大了,圭贤不是花 55000 元买了一辆只值 25000 元的车嘛。"

"那就从经销商在妍开始,算算利润吧。"

娜老师走到黑板前计算了在妍的利润。

> 经销商在妍的利润:
> 175000元 × 1辆 + 25000元 × 1辆 - 110000元 × 2辆
> = -20000元

"天啊,连在妍都赔了?"

"二手车的价格到底应该定多少?真的好难啊!"

诗贤和宰俊说。

"经销商圭贤的利润计算很简单。55000元买,25000元卖,损失30000元。经销商景浩的利润也算一算看看吧。115000元买的车能以175000元卖给消费者,对吗?利润60000元。这是三名经销商中唯一盈利的。今天销售冠军依然是景浩!"

> 经销商景浩的利润:
> 175000元 × 2辆 - 115000元 × 2辆 = 120000元

"景浩十分谨慎,打算以最高的价格购买,但被在妍抢走了生意……"善雅对嘟嘟囔囔的圭贤说。

"景浩的战略是行不通的。如果景浩的车是坏车,那就相当于花了 115000 元买了只值 25000 元的车。"

"我计算了可以期待的平均收益,然后给二手车定价。如果所有二手车车主都卖给我的话,我的策略是对的。我忽略了只买到坏车的情况。"在妍遗憾地说。

逆向选择，
二手车市场能买到好车吗？

过了一会儿，娜老师再次成为经纪人，发布了关于第二次二手车市场的信息。

"各位！经纪人带来了新消息咯。第二次市场有两辆好车、四辆坏车，好车变少了！"

"请大家确认一下第二次市场的角色！这次的经销商是谁？"

善雅和景浩的表哥静静地举起了手。

"好了，两位经销商，祝你们好运！那第二次二手车市场开始了。"

这次的两个经销商都犹豫了一下，没有马上公布二手车的价格。景浩的表哥开始在纸上写着什么，善雅走了过去。

"哥哥，你在干什么？"

"我在计算二手车的平均市场价值。两辆好车，四辆坏车，如果六辆都成交的话，那就是75000元了。所以……"

善雅和景浩的表哥秘密地交谈了一下，然后走到教室中间并排坐着，公布了价格。两人都表示要以20000元购买二手车。

"说好了吗？两个人都是20000元？"

看到张贴的金额,景浩吓了一跳,大声说。

"善雅经销商,85000元的话我就把我的车卖了。还没交易,价格可以调整吗?"

在旁边看着的在妍走近善雅问道。

"不,我坚持20000元。对不起,价格不能调整。"

善雅坚决而温柔地拒绝了交易。在妍又去了景浩的哥哥那里尝试交易,但结果是一样的。观察到这个情况的圭贤走近善雅说:"20000!"

"20000!"

两人只交换了"20000"这一个数字的信息,就达成了交易。随后,剩下的几个同学认真交谈,完成了交易。

娜老师整理了第二次市场的交易明细(表3-5),显示在教室的屏幕上。

表3-5 第二次市场二手车购买记录

二手车经销商 景浩表哥

二手车车主 (卖方)	所购车辆的 登记编号	成交价格	购买后 公开车况
昌珉	B1	20000元	坏车
宰俊	B2	20000元	坏车

续表

二手车经销商 善雅

二手车车主 （卖方）	所购车辆的 登记编号	成交价格	购买后 公开车况
圭贤	B3	20000元	坏车
诗贤	B4	20000元	坏车

"这次只有坏车成交了！好车车主是谁？"

听着娜老师的提问，在妍和景浩举手说："是我们！两个经销商都说要以20000元的价格购买，完全不和我们讨价还价！"

朋友们在一边吵吵闹闹，这时景浩说："如果我能证明我的车是一辆好车，经销商愿意为好车支付更高的价格，我也可以卖。"

"是啊，这就是问题所在。二手车车主对自己的车很了解，但经销商作为购买的一方很难判断买到的是否真的是好车。这种情况在经济学上称为'信息不对称'，只有购买者和供应商中的一方信息充足。经销商虽然想购买好车，但是并不知道车是好是坏。在缺乏车况信息的情况下进行选择，结果选择坏车的可能性增大了，对吗？这叫作'逆向选择'（reverse selection）。"

在妍认真记下娜老师的说明，补充道："在信息不对称的情况下，信息不足的一方做出不如意的选择的可能性增大，这叫作逆向选择。这样整理可以吗？"

娜老师满意地点了点头，接着问道："你们喜欢柠檬吗？"

"为什么突然说柠檬啊？柠檬不是很酸吗？"昌珉说。

"是啊，昌珉。柠檬里面是酸的，但是表面上看起来很漂亮。在二手车市场上，由于信息不对称，购买者买到了坏车，感觉和咬一口看起来漂亮的柠檬差不多，所以把二手车市场叫作'柠檬市场'（lemons market）。甚至有的诺贝尔奖获得者在二手车市场，也踩雷买到了'柠檬'。"

正在用心听娜老师解释的景浩问道："在二手车市场真的找不到好车吗？"

"嗯，既然提到了柠檬，要不要喝柠檬水休息一下？我们一边休息，一边设计一些创意性方法，看看能不能买到好车。"

4

如何选到好的二手车？

在"柠檬市场"中学会信号发送和筛选

"大家都有柠檬水喝了吧？刚才要讨论的是……"

"老师说想办法区分好车和坏车！"善雅说。

"是啊，二手车车主对自己的车很了解，但想要购买的那一方会出现'信息不对称'，不知道是好车还是坏车，最终很有可能出现'逆向选择'，选到坏车。也就是说，如果能解决信息不对称的问题，逆向选择的问题也会得到解决吧？"

"如果能证明自己的车是好车就好了，怎么证明呢？"

娜老师提问后，大家暂时陷入了沉寂。

信号发送和筛选,
如果解决了信息不对称问题,逆向选择问题也能解决吗?

善雅先开口了:"像体检一样,给汽车先做个检查,给我看结果怎么样。平时保养车时,最好记录一下什么时候换机油、是如何打理的,然后一起出示。"

诗贤接着说:"如果我的车真的很好,我会考虑提供一份保证,保证对方在购买后的一年时间内,如果车发生故障免费提供维修。那购买者不就会相信我,然后购买了吗?"

听了两人的提议,娜老师满意地微笑着说:"真是好主意。'二手车一年保修制度''出示二手车车况检查表',这是站在拥有更多信息的二手车车主的立场上,把自己的车是好车的信息传达给对方,减少信息不对称的方法。

"像这样发出'真正的好车'的信号,就叫'信号发送'(signaling)。只是嘴上说'我的车真的很好'是不能成为信号的。那是坏车车主也会说的话。就像某个人想入职一家公司,光说'我真的是个有能力的人'并不等于他就是有能力的人。"

"所以就会把学位证、资格证、成绩证明等附在简历上？"

听到景浩的话,娜老师笑着回答:"现在也很适用了。学位证、资格证等可以看作有效的信号,告诉公司自己是有能力的人。那么,从购买二手车的立场来看,能不能赌一赌,看买到的是不是好车呢?"

"不,应该从拥有信息的人那里得到信息,怎么才能挖出来……"

圭贤含糊其词,好像想起了什么,又接着说:"要求检查汽车怎么样?如果不确定车况的话,就要求和卖家一起去检查汽车吧。对方答应的话,应该是好车。坏车的车主不会答应的。"

"是啊,这样就可以了。要求检查是个很好的主意!"

"我也有!"宰俊猛地举起手说。

"都反过来想就行了。一年内,如果车坏了,就要求免费维修或出示保养车辆的记录。"

"这也是个好主意。这种从没有情报的一方挖掘信息的方法在经济学上称为'筛选'(screening),意思是筛选出不好的东西。"

"这个也可以适用于就业市场,入职考试也是筛选的吧?通过入职考试,找出适合公司的人,还可以要求出示成绩单、学位证等。"

柠檬二手车市场

"那么高考录取学生也是一种筛选吧？"昌珉补充善雅的话说。

"老师，您刚才不是说经济学家也在二手车市场被骗了吗？是谁？"静静地听着朋友们讲话的诗贤问道。

"是一位名叫乔治·阿克洛夫（George A. Akerlof）的经济学家，他买了一辆二手车，心情很好地回了家，结果车坏了。"

娜老师看着昌珉说："明明是经济学家，也没能做到'筛选'呢！"

"他是相信了二手车车主说的话，以为那是好车才买的。他研究了自己的这种经历，获得了诺贝尔经济学奖！他思考'二手车市场为什么很难看到好车？为什么人们会选择坏车'，原因就是信息不对称，信息不足的一方会做出不及预期的选择，即逆向选择。他从理论上证明了逆向选择的可能性很高，研究主题就是'柠檬市场'。"

"将被骗的经历转化为研究，并因此获得诺贝尔奖！真是因祸得福啊！"景浩诙谐地说。

"听说经常和乔治·阿克洛夫交流想法的迈克尔·斯彭斯（Michael Spence）后来提出了市场信号理论（market

signalling）作为逆向选择问题的解决方案，也获得了诺贝尔经济学奖。"

"好可惜，我们刚才也想到了发送信号！如果再早一点出生的话，就得诺贝尔奖了！"

"哎哟，可真是拦不住昌珉啊！"

"是啊，我们实验经济班聪明的同学中，将来也可能会出现获得诺贝尔奖的人呢。加油！今天下课！"

数学帮帮忙

* 经济概念：信息不对称，逆向选择
* 数学概念：概率，期望值

Q1. 如果二手车交易 100 次，在好车出现 35 次，坏车出现 65 次的市场上购买一辆二手车，那么该车平均可以期待的价值是多少？（假设在这个二手车市场上，好车价值 175000 元，坏车价值 25000 元）

在做某个决定时，我们平均可以期待的价值在数学上称为"期望值"。购买二手车时，如果那辆车一直是好车的话，就和好车的价值一样，这就是期望值。但是如果买好车的情况和买坏车的情况各占一半的话，会怎么样呢？好车的价值和坏车的价值中间的数值将成为平均可以期待的价值，即期望值。

某个事件在全部事件中发生情况的比例称为"概率"。当全部事件发生 100 次时，如果特定事件发生 50 次，则概率为 $\frac{50}{100}$，即 $\frac{1}{2}$。但是用分数表示不方便，所以将"100 次中的 50 次"用"百分之五十（50%）"表示。概率可以用分数表示，也可以用百分比表示。

那就像问题中的情况一样，我们来计算一下二手车市场上出现好车的概率为35%，出现坏车的概率为65%时，二手车市场上平均一辆车可以期待的价值，也就是期望值。

对某个事件的期望值 = 事件发生时的价值 × 事件发生的概率

175000元 × 35% + 25000元 × 65% = 77500元

　　好车价值　　好车概率　　坏车价值　　坏车概率

这个概念适用于什么情况呢？试一试应用在下面的场景吧。

Q2. 开车的时候，实在太着急去卫生间了，所以想非法停车，去一下卫生间。比较一下对罚款的期望值和去卫生间后的满足感吧？

我们设定违章停车罚款是200元，因为不是经常监管停车的地方，所以被罚款的概率是10%。

对罚款的期望值 = – 200元 × 10% = – 20元

因为罚款是亏损,所以标记为"–"。如果上卫生间后的满足感比20元更高,即使要缴纳罚款,也应该先解决燃眉之急吧?像我这样想的人很多,所以非法停车增加了,投诉也发生了。政府部门想阻止非法停车,在这种情况下,如果提高罚款额度或提高查处力度,使非法停车时对罚款的期望值的绝对值变大,就可以减少非法停车。

Q3. 一张10000元奖金的彩票中奖概率是0.1%,花25元买这样的彩票合理吗?

买一张彩票,看看平均能期待的价值,也就是期望值是多少。

对彩票的期望值 = 10000元 × 0.1% = 10元

一张彩票的价格是 25 元，期望值是 10 元，所以不买更合理。

不久前，我本来想参保医疗保险，但是放弃了，因为要想投保就要交高额的保险费。

保险公司会根据预计支付的保险金，即期望值来确定保险费。最近我经常去医院，保险公司核对了我的医疗记录，认为预计支付的保险金会比较高。虽然放弃投保不是愉快的经历，但我觉得，保险公司通过筛选防止了逆向选择。请大家在生活中也注意权衡概率和期望值，做出合理的选择吧。我们一起找找信息不对称的例子吧！

5

胜者不一定都是赢家

通过拍卖玻璃瓶中的回形针，了解胜者的不幸

娜老师举起装有五颜六色回形针的玻璃瓶说："这个瓶子里有多少个回形针？"

"这个嘛，要不要拿出来数一数？"宰俊说。

"不能拿出来数，一会儿你就明白了。今天，我要拍卖这个玻璃瓶给你们，这次拍卖方式有点不同。这次是用各自的支付意向价格支付的'招标式'拍卖。"

"假设玻璃瓶里的回形针每个 0.5 元，每个人都写下想花多少钱买这个玻璃瓶。出价最高的人可以得到这个玻璃瓶。中标的人按照自己写下的金额把钱给我，我再按照'实际玻璃瓶中的回形针个数 ×0.5 元'的金额给他钱。"

"真的给钱吗?"

"如果写着 100 元的人中标了,实际上玻璃瓶里有 70 个回形针怎么办?"

"那中标的人给我 100 元,我给他 35 元。"

"不假思索地写高金额的话,会很倒霉的!我得好好看看瓶子里装了多少回形针。"

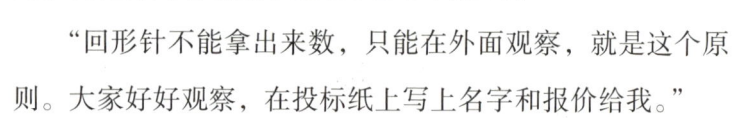

"回形针不能拿出来数,只能在外面观察,就是这个原则。大家好好观察,在投标纸上写上名字和报价给我。"

大家都上前开始估算玻璃瓶中的回形针数。观察了半天,像真正投标的人一样,慎重地写下了投标价。

过了一会儿,娜老师拿到了所有的投标纸,拍着讲台说:"好了,让我们看看谁会中标。诗贤!"

"诗贤写了 40 元,最高价。诗贤中标玻璃瓶!鼓掌!"

"哇!这次诗贤中奖了!你的钱是大风刮来的吗?"

孩子们一边向诗贤投来羡慕的眼神,一边祝贺着。

胜者的诅咒,
胜者并不总是好的!

"那我们来看看到底有多少个回形针。"娜老师拿起玻璃瓶说。

"不能有内幕,我们一起来数吧!"

景浩和昌珉打开玻璃瓶,把回形针倒在了讲台上。所有人都睁大眼睛,看着他们数回形针。

"38个!"景浩喊道。

"38个的话是19元。那么先从诗贤那里拿40元,然后再给19元就可以了。诗贤,钱准备好了吗?"娜老师开玩笑地说,向诗贤伸出了手。

诗贤好像被骗了,带着不安的表情从钱包里掏钱。

那一刻,娜老师捂住诗贤的手说:"不用啦!诗贤,要是老师这样拿了学生的钱,传开了会被大家笑话的。"

"哎呀,老师!这是约定,你得收下啊!"

孩子们高声说要收钱,娜老师说:"胜者的诅咒就是这样!"

"胜者的诅咒?"

"是啊,诗贤是胜者,却损失惨重!真是胜者的诅咒啊。"善雅和在妍说。

"是啊,诗贤是胜者,但确认了回形针的个数之后,发现反而赔钱了,不是吗?现实生活中这种事情也会发生。韩国一山湖水公园的七坪小卖部一年的经营权,曾经以430万元的价格成交。"

"真的吗?一年的销售额是多少?"大家露出一脸惊讶的表情。

"就像无法取出的玻璃瓶中的回形针数一样,一山湖水公园的小卖部一年的销售额也无法确定。"

如果乐观地过高评价,亏损的概率也会增加

"为什么会发生这样的事情?在国外,有的土地的石油开采权会被拍卖,这时的情况也是一样,没有人知道可以从那块土地上开采出多少石油。在不知道准确产量的情况

下,根据自己预估的价值进行投标。"

"那么,那块土地的实际价值很有可能是大家预期价值的平均值!但是,如果评价最高的人中标,胜者可能就没那么幸运了。"在妍一边认真记着,一边说。

"在妍掌握得很好。我们来看看你们为买玻璃瓶写下的价格,平均值是多少。"

娜老师一一查看了投标纸,并写在了黑板上。

"10元、25元、5元、40元、15元、10元、20元,平均来看……"

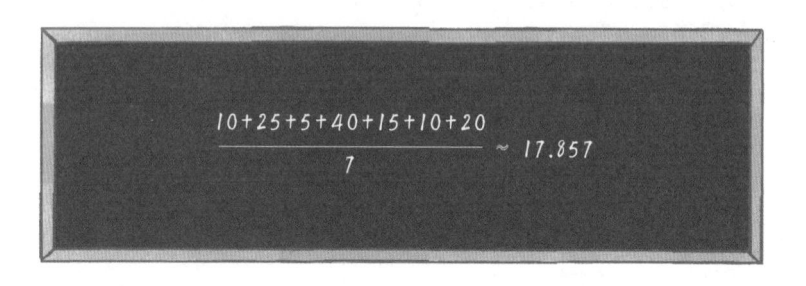

$$\frac{10+25+5+40+15+10+20}{7} \approx 17.857$$

"哇,真的和19元很接近。在妍说得对。实际情况很有可能是人们预期的平均价值,但中标的是出价最高的人,所以胜者会遭遇诅咒!"宰俊整理了课程的内容。

"整理好了吗?希望你们能好好判断自己想要的东西的平均价值,避免'胜者的不幸'!那么,今天的课就到此结束!"

> 经济概念小贴士

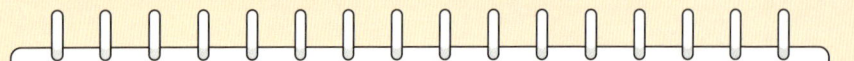

在"看不见的手"失去作用的情况下

（1）垄断企业具有市场支配力

经济学家亚当·斯密（Adam Smith）解释了市场均衡价格是如何决定的，就是假设"每个人都是独立的，所有的信息都是完美的，做出使自己利益最大化的决定"。另外，以完全竞争市场为前提，也就是供应完全相同的商品的人和购买该商品的人都没有数量限制的市场，在这里无论是需求者还是供应商，都只接受市场形成的均衡价格，对定价没有影响。如果完全竞争市场这一前提被打破，"看不见的手"就无法充分发挥作用。典型的例子就是出现垄断市场。回忆一下大家经常去的学校小卖部，在小卖部买饼干是不是比在学校外面买贵？因为放学前不能去外面的便利店或超市，所以即使贵一点也只能去小卖部买。这时小卖部可以说是独家供应商，小卖部老板有定价能力，很难找到只有一家供应商的垄断市场。相比之下，供应商较少的寡头市场更常见一些。比如，说起加油站的话，大家都会想到那几家公司吧？

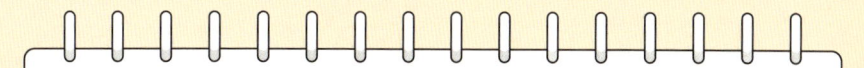

这种情况就是寡头垄断，垄断企业对价格和供给量产生影响，我们称之为"市场支配力"。还有垄断竞争市场，虽然供应商很多，但可以通过差异化产品来发挥市场支配力。餐饮店大致上属于垄断竞争企业。

还有需求垄断，三星电子、LG电子等企业的零部件是需要供应的，想向它们这样的大企业提供零部件的企业很多。此时，三星电子和LG电子作为零部件的需求者，对定价产生影响，因为如果一家零部件企业的产品价格太高，它们还可以向其他企业购买。

具有市场支配力的供应商通常希望通过提高价格、减少供给量来获得更多利润。所以也会发生"协商"，在这种情况下，消费者会受到损失，因此法律禁止串谋。企业则努力开发创新产品，提高利润。

> **经济用语**
>
> - **垄断市场**：特定产品仅由一家企业提供的市场。
> - **寡头市场**：特定产品仅由少数企业提供的市场。
> - **串谋**：垄断企业就价格或产量等达成协议。
> - **垄断竞争市场**：有很多企业提供特定产品，但产品质量稍有不同的市场。

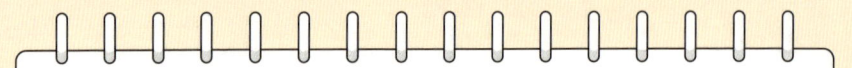

- **需求垄断**：供应商众多，但只有一个需求者。
- **市场支配力**：供应商和需求者可能影响价格或交易量的能力。

（2）在信息不对称的情况下会做出逆向选择

以二手车市场实验为例，卖方对车的信息掌握较多，而买方信息不足。需求者和供应商中的一方拥有更多的信息，这样的情况称为"信息不对称"。如果信息不对称，信息不足的一方很有可能做出不利的选择，这称为"逆向选择"。想买二手车的人会考虑这是好车还是坏车，根据两种可能性计算出期望值来给出价格。这时好车的车主会认为价格低，所以不会卖车。最终会出现逆向选择，购买本不想要的坏车。通过信号发送和筛选来减少信息不对称，可以避免逆向选择。

> **经济用语**

- **信息不对称**：交易各方所掌握的信息不对等。
- **逆向选择**：在信息不对称的情况下，信息不足的一方做出不利的选择。
- **信号发送**：在信息不对称的情况下，信息较多的一方提供信息。

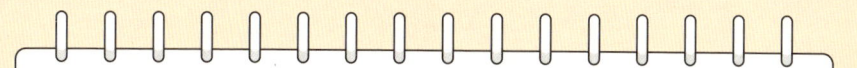

- **筛选**：在信息不对称的情况下，信息不足的一方了解对方的信息。

（3）信息不充分时会发生胜者的诅咒

实验经济班的同学们参加画的拍卖时，想支付自己感受到的价值，别人感受到多少价值并不重要，只要价格低于或等于自己感受到的价值，就完全可以得到满足。但是，就像玻璃瓶中的回形针定为0.5元一个一样，有实际价值的东西也会被拍卖出售，在任何人都不知道其价值多少的情况下拍卖，中标者很有可能蒙受损失，这种情况被称为"胜者的诅咒"。

例如，有一座国有山脉，据推测，山中可能蕴藏着矿物资源，通过招标把开采权卖给出价最高的人。虽然中标的人会露出胜利的微笑，但实际上他很有可能会遭遇诅咒。因为没人知道那座山的实际价值，所以参加拍卖的人都会估价，写下投标金额。有些人估价高于实际价值，有些人估价较低。从概率上看，那座山的实际价值很可能接近人们估价的平均值。在拍卖会上，中标的胜利者通常是那些对山的实际价值非常乐观的人，结果很有可能蒙受损失。

第四章

管理金钱的学问:

好习惯,好生活

1

观察资金的流动

通过in and out游戏,学一学收入支出管理法

"孩子们,今天我们离开座位,来玩个有趣的游戏吧!"

娜老师把大呼啦圈放在教室中间,拍手说道:"大家在呼啦圈旁边,排成两队好吗?"

听了娜老师的话,实验经济班的同学们困惑地排起队。

"从现在开始,你们都变成了钱,每人都是10000元吧,这个呼啦圈是我的存折。请最前面的在妍和诗贤先进入存折看看吧!"

娜老师拉着在妍和诗贤进了呼啦圈。

"存折里存入了20000元的工资。但是,我这个月买了咖啡、衣服,加上吃饭、家庭购物、房租等花掉了20000

元,这怎么表示呢?"

娜老师让在妍和诗贤从呼啦圈里出来。

"进入存折的20000元只待了10秒钟就从存折中跑了出来!"娜老师带着悲伤的表情,看着空荡荡的呼啦圈说。

"又到了发薪日!现在景浩和昌珉进去了。"

景浩和昌珉踢着腿走进了呼啦圈。

"哇!我的存折里存了20000元!但是,我用24个月分期付款买了车,每月12500元分期付款,家里租金也要交5000元,这个月经常出去吃饭,已经花光20000元了!"

一听到娜老师的通报,景浩和昌珉一下子跑出了呼啦圈。

"哎呀,老师的存折又空了,要好好想想再用钱呢!现在要交分期付款,很难攒到钱!"昌珉开玩笑地说。

"就是说啊,可能是月光族吧。不过,幸好有工作,再过一个月,工资又会存入存折。"

后排的圭贤和善雅进入了呼啦圈。

"哇!我的钱!"

娜老师正感叹的时候,圭贤又走出了呼啦圈。

"我正在以汽车分期付款的方式流出,没错吧?"

圭贤一边说着一边做动作。娜老师拍拍额头说:"啊!是的。我的车!"

娜老师做出突然倒下的样子。

"啊，发生交通事故了！我需要医疗费！医疗费！善雅，快出去！"

"啊，存折又空了！怎么办呢？还没交房租呢，我得贷款了！"

娜老师让宰俊坐在呼啦圈外面。

"现在都要负债了。"

"老师，出去的钱要比进来的钱少才行呀！"宰俊带着郁闷的表情说。

"那么，请大家教教我该怎么管理钱吧！"

收入和支出，
筹集资金从这里开始

应娜老师的要求，同学们又排成了两队，开始表演。宰俊和诗贤先走进呼啦圈。

"月薪 20000 元进来了，现在还剩 10000 元。"诗贤坐在呼啦圈里，宰俊一边走出来一边说。

"好，下个月工资 20000 元。"

在妍和圭贤进去了。

"这次也强制储蓄10000元。"

听到宰俊的话,圭贤坐在呼啦圈里,在妍出去了。

"如果想把剩下的钱存起来,绝不能把钱都放在一起!建议把决定要存的钱存定期。试试用零存整取进行强制储蓄。现在,存折里存到钱了吧?"

宰俊指着坐在呼啦圈里的诗贤和圭贤说。娜老师却笑着说:"那么,储蓄是什么?零存整取是什么?我可是个金融知识小白呀。"

这次,在妍站了出来,解释说:"零存整取是指每月存一定金额。工资进入存折后,最好让一定金额自动流入存款账户。到期时间自己确定,我定了一年。到期去取钱的话,还会和本金一起收到利息。"

善雅接着说:"如果已经攒了一些钱,就试试整存整取,开始一次性存钱吧。即使利率相同,这样存款的利息也会多一些呢。"

"哇,谢谢!不同的存款方式之间还有那样的差别啊?整存整取是一次性放入钱,到期就可以取,零存整取是每月存入一定金额!真是非常清晰扼要的说明,谢谢!"娜老师看着宰俊、善雅、在妍,表达了感谢。

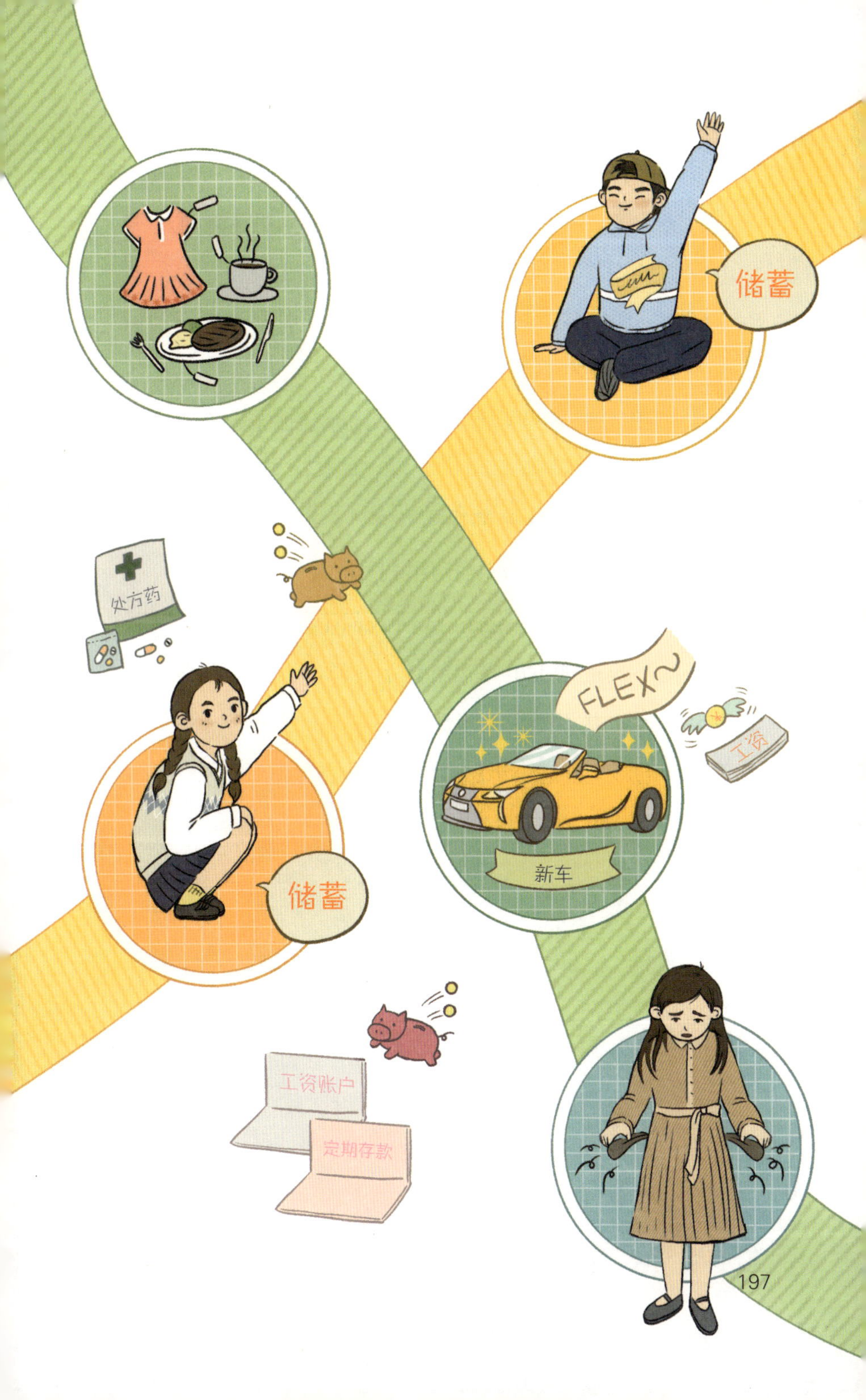
储蓄
处方药
FLEX~
工资
新车
储蓄
工资账户
定期存款

"反正基本原理是，要少花收入的钱，无条件地存入一定的金额！这是关键点。"宰俊提高了声音，再次强调。

"啊，是啊！我会记住的。"

娜老师向宰俊点头示意后，向实验经济班的同学们做了个手势，请大家坐下。

"今天我真的学到了很多！大家已经掌握了这么多金融知识了呀？"

"哎呀，老师，这些都是基本的吧。我们参加实验经济班活动的同时，还会管理自己的钱！"

娜老师满意地点头说："今天我们不是直接扮演了钱，以工资的形式进进出出吗？就像宰俊说的，要先存钱才能攒到钱！但这并不是说要成为极致节约的铁公鸡。我们一起看一部电影，再进一步思考一下消费和储蓄吧！"

"好！"

消费 vs 储蓄，
消费和储蓄都是过犹不及！

千智雄的妈妈经营着一家小饭店，他靠妈妈寄来的钱生活。他一有钱就不管不顾地花。有一天他想在便利店买 10 元的东西，钱包里没有钱，存折的余额也只剩 0.21 元！另一位主人公具洪实，和千智雄截然相反，挣的钱几乎都存起来了。舍不得买垃圾袋，有时会把自己的垃圾揉成一团放在别人扔的垃圾袋里，应该没有谁比她更抠门了。

这是一部名为《攒钱罗曼史》的电影。

"孩子们，千智雄和具洪实，谁的消费观更好呢？"

"具洪实吧。节俭才能好好生活！"昌珉回答了娜老师的问题。

"那么节约干什么？享受当下也是必要的！"

"是啊，两个好像都有问题！"

圭贤接受了景浩的观点。

"两个人的做法都太极端了吧？一个只消费，一个只储蓄！人们如果赚多少就花多少会怎么样呢？"

"会攒不到钱吧？那样的话生病就会不好过。刚才呼啦圈旁边堆积的债务就是因此产生的嘛。"

"据说现在到了'百岁时代'，他变成老爷爷之后靠什么生活呢！"

诗贤和宰俊提高了声音说。

"那像具洪实一样不消费只储蓄，会怎么样呢？"

"什么？虽然不能享受现在的生活，但这也是为了未来。我想不会出现什么大的问题吧？"圭贤这次回答了娜老师的提问。

"你会为未来牺牲现在的感受吗？如果人们过分减少消费，国家也会出现问题。人们不消费，企业生产的东西就卖不出去。东西卖不出去，企业会减少生产，减少雇佣。失业的人会增加，对吧？"

听到娜老师的解释，景浩说："所以我才经常为了国家消费！"

"当然有这样的一面，但是过分的话就会产生不好的影响。人们为了消费，把钱都花光了，不存钱的话，企业很难进行设备投资！"

"什么？我存不存钱和企业的设备投资有什么关系？"宰俊问。

"我们把钱存入银行，银行剩下的那部分钱，一般会贷款给需要钱的人或是企业。企业需要投资，购买新设备或扩大生产规模时，通常会进行贷款。储蓄率太低的话，需要借钱的金融市场就没有钱了，对吧？这样一来，企业的发展也必然萎缩。"

"消费和储蓄都是'过犹不及'！要存的钱事先预留出来，剩下的再合理消费吧！今天的上课内容到此结束！"

在妍大声总结后，同学们和娜老师都会心地笑了起来。

2

消费和储蓄是一辈子的事

通过解决"韩消费"的问题学会财务设计

"我是 YBS 电视节目《理财帮帮忙》的主持人娜老师,向大家问好!金融专家小组的各位朋友,很高兴见到你们。"

"什么?金融专家吗?"

"你们不都是资金管理专家吗?今天有一个案例,是一个儿子已 20 多岁的妈妈报送的,真是令人担心啊。"

娜老师在教室屏幕上播放了一个视频。

视频左侧显示着《理财帮帮忙》的字幕,画面中出现了一位忧心忡忡的妈妈。视频内容讲的是儿子用智能手机网购,因为无节制购物,家里的快递盒子不断堆积,儿子买的大型划船运动器材上堆满了新衣服。最近，他甚至还买了进口车。几年后儿子要结婚了，这位妈妈在担心，到时没有足够的资金支付结婚需要的费用。她把她儿子收入和消费的详细信息提供给大家，请大家帮忙好好规划一下。然后视频结束了。

娜老师给大家每人发了一张纸，说："这次的案例很不简单呢！这位妈妈给我发了韩消费[1]的收入明细（表4-1）和支出明细（表4-2）。专家们，请看看韩消费的消费有什么问题呢。"

表4-1　韩消费5月收入明细

日期	收入		
	项目	内容	金额
5月7日	预备役训练	训练补助金	100元
5月14日	发明大奖赛	大奖赛奖金	500元
5月25日	三账物产（公司名）	月薪	15500元
	合计		16100元

---

[1] 译者注："韩消费"是作者根据本书需要特定的人名。

表4-2　韩消费5月支出明细

日期	支出项目	支出内容	支付方式	支出类别	支出金额
5月1日	公司食堂	午餐费（5月共20次）	现金	餐饮	500元
5月1日	韩国奔驰	汽车分期款	现金	交通	4250元
5月1日	线上观影	内容使用费	现金	娱乐文化	50元
5月2日	服装店	衬衫，裤子	信用卡	服饰	2500元
5月2日	加油站	加油	信用卡	交通	300元
5月2日	寿司店	寿司套餐	信用卡	餐饮	150元
5月3日	网上购物	健身器材	信用卡	家庭用品	750元
中间支出明细略					
5月25日	网上购物	全套锅具	信用卡	家庭用品	400元
5月25日	游戏商店	游戏	现金	娱乐文化	100元
5月25日	啤酒店	啤酒（约会）	信用卡	餐饮	250元
5月26日	意大利餐厅	意大利面3人份（和同事一起吃午饭）	信用卡	餐饮	300元
中间支出明细略					
合计					15600元

"妈妈真的会很担心呢。他月收入为16100元，却花了15600元，要把赚的钱都花光吗？"

"那有什么问题吗？反正是在收入范围内消费的，不是吗？"

"还要考虑养老啊！未来不是还要结婚吗？家里说无力资助结婚的费用，所以要攒钱啊！"

"看看这里，已经交过伙食费了，还有这么多次单独出去吃饭？喝咖啡可能也是自己另外算账了。"

"购物也不是闹着玩的啊！"

同学们互相交换意见，寻找韩消费支出方面的问题。这时，娜老师又播放了一个视频。

"专家们，我们的制作组还采访了韩消费先生，大家一起看一下吧。"

视频里出现了一个20多岁的男性，看起来不务正业的样子。从家到公司步行10分钟就到了，却非要买高价进口车，当被问到为什么时，他说："这样不是很有面子吗？"他还说，如果开车出去的话，可以炫耀自己的车，朋友们都大喊羡慕。当被问及购买高价服装的理由时，他回答说："感觉不同，贵是有原因的。"关于网上购物，他回答说，电视购物开始的闹铃一响，他就蠢蠢欲动，看到东西就想买，总担心卖光了，心脏怦怦直跳。

实验经济班的同学们出神地看着屏幕，咯咯地笑着说"哇，太离谱了""太没概念了"。视频结束后，娜老师再次

成为节目主持人,说道:"大家看了一段非常令人吃惊的视频。韩消费好像不知道自己的消费有什么问题,对吧?看来专家们肩上的责任很重啊。今天,我们特别邀请了韩消费到这里来。韩消费,请进!"

真的韩消费来了!同学们都惊讶地看着走进教室的男人。

"韩消费先生,您能来真是太好了。这里的金融专家们将对您的财务状况提出建议。"

娜老师示意同学们快点提建议。善雅最先站起来说:"您好,韩消费!我们看了您的收入和支出明细,第一个想到的是:您是购物上瘾吗?"

"你觉得我是上瘾吗?这个就是我的爱好!"

"哦,用'上瘾'这个字眼虽然很抱歉,但是临近售罄的提示音使您心脏怦怦跳,又买了很多不必要的东西,这问题很严重——还有,新买的运动器材上都挂着衣服。"

面对韩消费的反驳,善雅用规劝的语气对他说,接着宰俊也提出了建议。

"能不能先试着关闭购物频道的通知呢?因为一提示有通知就会想看,看到了就想买!这样就很难戒掉这个习惯。我也有过这样的经历,所以很清楚。"

"好的,我知道了。我尽量克制,不去看电视购物,那就没有别的问题了吧?"

从步入社会到退休,基于生命周期的财务设计

这次在妍站了出来,说:"韩消费,我们一般活到几岁呢?"

"80岁到90岁?也可以活更久吧,都说现在是'百岁时代'。"

"是的,我们一般在60多岁退休,剩下近40年的人生,您会靠什么吃和住呢?不是应该提前攒钱吗?当务之急还要准备结婚资金。"

"哎呀，我怎么会不想攒钱呢？实在是用钱的地方太多了呀。请告诉我应该减少哪些消费。"

"首先，从消费历史来看，午饭您经常出去花钱吃。既然您给公司食堂交了一个月的午餐费，那就吃食堂吧。"

紧接着在妍的建议，诗贤也开始帮忙。

"最好也少买咖啡和饭。"

昌珉急忙补充道："先把车卖了吧。听说从家步行到公司要10分钟的路程？再说了，因为是豪车，所以分期付款的金额也很大吧？"

"卖车怎么能行呢？当作二手车出售反而是损失。分期付款还要继续交。再说了，那辆车多漂亮啊！"韩消费先生强烈抗议。

"那先把车暂时搁在一边吧。少买点名牌衣服怎么样？名牌不一定就是好的。设计好、质量好、价格合理的衣服也很多。我现在穿的衣服看起来不是也不错吗？"诗贤指着自己的衣服说。

接着，善雅把纸条递给韩消费，说道："现在我们一起看看这张表（表4-3）。我分析了韩消费先生的消费模式。和其他支出相比，服饰和餐饮支出真的很高，都是可以减少的吧？包括汽车分期付款在内的交通费支出也相当大，不过他说不能卖车。除此之外，家庭用品也买了很多不是马上用得上的东西,所以,这方面的开支也请减少。"

"看了这张表,我才知道,我在服装和吃饭上真的花了很多钱。"听了善雅仔细的分析,韩消费也表示认同。

表 4-3 韩消费消费模式(分类消费额)分析

餐饮	服饰	娱乐文化	交通
2600 元	5700 元	450 元	4850 元
家庭用品	保健医疗	通信服务	其他
1150 元	150 元	600 元	100 元

"我建议按项目制订消费计划,只在额度内花钱!每天消费的同时逐项检查,如果超过了计划的金额,就不能在那个项目继续消费了!"在妍提议,按消费项目设定金额。

"首先,一定要制订结婚资金和退休后资金储蓄的计划。"

景浩说完,在妍在黑板上边画边说:"从我们的人生周期(图 4-1)来看,消费贯穿了一生,但退休后收入减少了很多,不是吗?人生的不同时期偶尔会出现大额支出。"

"攒钱吗?"听了在妍的话,韩消费提出疑问。

"当然了。马上还需要准备结婚资金、子女教育费,还要买房子……"

宰俊接着说。韩消费两手抓着头发，很痛苦。

"我知道了，我试着来制订一下消费计划。"

"一定要有计划才行呢！根据人生周期，分为短期目标和长期目标，制订计划并付诸实践。好了，给你的建议好像已经很充分了，就这样说再见，结束吧？"

"好的，专家们，谢谢你们。再见！"

娜老师说完，韩消费跟大家告别，离开了教室。

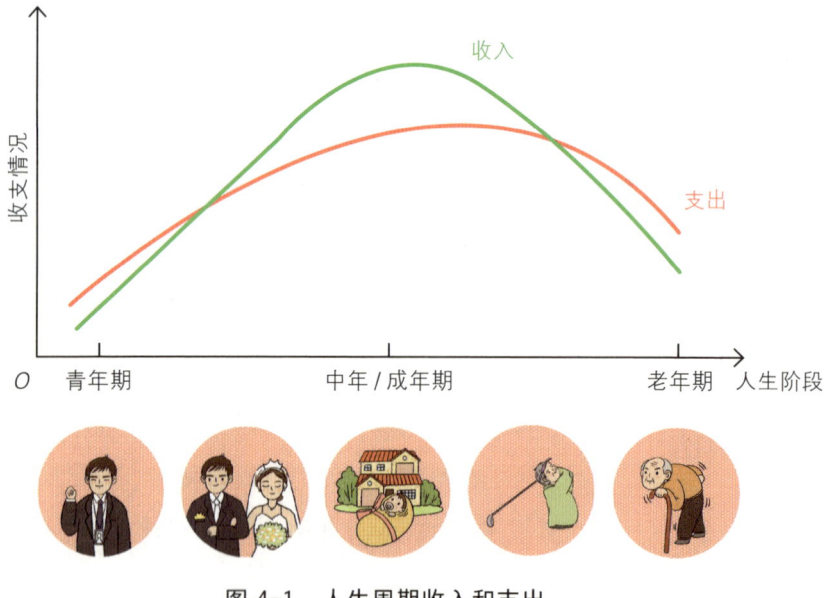

图4-1 人生周期收入和支出

"孩子们,你们今天都是优秀的金融专家!今天的课就到此为止吧?"

"老师,韩消费的真实身份是什么?他到底是谁啊?"

娜老师走出教室时,景浩和昌珉追上来问,但老师没有回答他们。在实验经济班,韩消费的身份至今仍是个谜。

数学帮帮忙

*经济概念：单利，复利，储蓄
*数学概念：指数函数，等比数列

Q1. 17世纪初，以24美元出售曼哈顿土地的北美原住民，如果把这些钱都存入银行，现在会变成多少？

美国纽约曼哈顿原来住着北美原住民。据说在1626年，美国移民通过协商，以24美元左右的价格从原住民那里获得了曼哈顿土地所有权，当时用的也不是现金，而是用首饰和珠子支付的。考虑到现在曼哈顿的价值，原住民好像真的做了愚蠢的交易吧？如果当时原住民卖掉土地，把收到的东西兑换成现金，再存到银行里，现在会变成多少钱呢？让我们一起算一算吧！

（假设钱一直存在银行，年利率为7.5%）

24美元存入年利率为7.5%的存款账户中，假设截止2024年，398年来从未支取本金和利息的话，要想预测目前的存款金额，必须使用"复利"。复利是指除了本金，本金产生的利息也以和本金同样的利率计算利息。如果利率为r，存入A元，1年后金额为$A×(1+r)$元，2年后为$A×$

$(1+r) \times (1+r) = A \times (1+r)^2$ 元，n 年后为 $A \times (1+r)^n$ 元。

利息也会产生利息，所以期限越长复利效果就越大。从数学角度来看，期限 n 不是在指数的位置吗？这叫作"指数函数"，随着 n 值的增加，函数值也会增加。

那么，假设利息也一起再投资，我们用复利公式求出值吧。

1 年后本息 $= A + A \times r = A \times (1+r)$

2 年后本息 $= A \times (1+r) \times (1+r) = A \times (1+r)^2$

n 年后本息 $= A \times (1+r)^n$

在上面的公式中套入数据，原住民收到的金额为 24 美元，利率为 7.5%，存入的期限为 398 年。那么代入公式就是 24 美元 $\times (1+7.5\%)^{398} \approx 75994124121800$ 美元，对吧？

这样，北美原住民以现在为准，会拥有 65 万亿多美元，考虑到当时的利率，这是一个完全可能发生的事。就在几十年前，韩国的存款利率也每年超过 10%。考虑到美国整体 GDP 在 20.94 万亿美元左右（以 2020 年世界银行数据为基准），这是一个巨大的数值吧？这样看来，好像没理由认为原住民的交易是愚蠢的。

可惜,最近市面上的复利存款产品已经很少了。不过,不用担心,我们有办法做到和复利同样的效果。复利的原理在于不支取本金和利息,重新储蓄。如果不支取利息,再接着储蓄,利息就会一起计算利息,因此发挥了复利的力量。

Q2. 如果北美原住民存了24美元,每年的利息不计算利息,现在账户上有多少钱?

如果北美原住民每年的利息不计算利息的话,现在的金额大概只有737美元左右。因为这是只对本金计算的"单利",所以可以按以下公式计算本息。

每年收到的利息 $= A \times r$

n年后本息 $= A + A \times r \times n$

$\qquad = A \times (1 + r \times n)$

同样,在上面的公式中,代入原住民收到的金额24美元和利率7.5%,存入的时间为398年,计算起来为24美

元 ×（1+7.5%×398）= 740.4 美元。

怎么样？包括利息在内的存款和不包括利息在内的存款相比，"本金 + 利息"差别真的很大吧？世界投资专家沃伦·巴菲特（Warren Buffett）也将"重新将利息投资"作为投资 10 条法则中的第一原则。

韩国银行近年来的定期存款利率是每年 2% 左右，存款时能收到的利息并不多。但是就像北美原住民的例子一样，一开始似乎很慢，但存款的时间越长，金额上涨的速度就越快。所以，分析自己的消费模式，制订适当的支出计划，根据人生周期进行财务设计，提前开始储蓄是有益处的，对吧？

Q3. 存的钱要多长时间才能翻倍？

如果想知道存款什么时候会翻倍，请使用"72 法则"。72 法则是"72 除以年复利收益率，等于本金翻倍的时间"。按"72 ÷ 利率（年复利收益率）"计算即可。例如，当一年利率为 4% 时，储蓄大约在 18 年（72÷4=18 年）时，本金会翻倍。

3

建立自己的消费原则

要想阻止冲动消费,就像奥德修斯一样

"同学们,这个怎么样?这是我不久前买的新款包!"娜老师拎起红色的手提包说。

"在电视购物中打五折!这是我一直想买的包,趁打折的时候,一下就买了!"

"老师,您变成韩消费了吗?不是说不可以吗?"善雅看着兴奋的娜老师,轻轻地摇了摇头。

"是啊。其实衣服很多,包也很多,但是一出新品就让人忍不住想买。电影或电视剧中喜欢的演员使用后,就会更想要同款。只有我这样吗?"

"这双运动鞋也是我前天新买的。虽然已经有很多运动鞋了,但新出了流行的款式,还想再买,零花钱都已经用完了!"

"我会用手机购买编辑照片的应用程序!每个月手机费用得太多,账单出来的时候,每次都被妈妈骂!"

诗贤和宰俊听了娜老师的话分别说道。

"是啊,我们在帮韩消费分析财务的时候说要减少消费,但实际上并不像我们说的那么容易吧。"

"就是这样啊!还有啊,不知道社交平台和视频网站怎么知道了我的喜好,一直把我喜欢的东西推送给我看!"

"我也是!一直收到推荐。"朋友们听了宰俊说的话,附和说。

"通过你曾经浏览的记录,人工智能分析了数据,做了个性化的广告。最近这个技术发挥了很大的作用,靠这项技术,大家可以知道人们在关心什么!"

"没错。多亏了人工智能和大数据,生活变得更加便利,但冲动的消费似乎也增加了。我买的这个包好像以前也搜索过,结果有了打折信息,马上就推送出来了!"

"尊贵的客户定制信息,点击一下第二天就可以收到,方便到家!多亏了它,才成就了购物狂啊!"听了娜老师的话,昌珉举起双手,开玩笑说。

"昌珉说得很对,这种方便带来了过度消费的危险!面对诱惑，我们有办法克制自己吗？"

娜老师环顾同学们，期待地望着大家。

自动转账，
存钱最简单的方法

景浩猛地举起手，首先说："拿到零花钱时，先把要存的钱取出来，这是最基本的吧？"

"我每月定期存款 150 元，已经设置自动转账了！"听了景浩的话，圭贤点头说。

"我用附属卡,父母会把零花钱存进我的账户里。当然,是随时都可以存钱进去的账户。刚开始,我账户上的余额没几天就用完了。想买什么东西的时候,余额不足算不了账!每个月初都会狂欢,不到一周就余额不足了。"

"后来是怎样把钱存起来的呢?"善雅问。

"要节制,光下定决心也不行。所以干脆在零花钱到手的第二天自动转账,把一定金额的存款转出去,这部分钱就不得不被储蓄起来了。"

"太棒了!你是'奥德修斯'(Odysseus)吗?"诗贤感叹地看着圭贤。

"奥德修斯？"

"这是希腊神话中的人物。传说中，他的水手被海妖塞壬的歌声蛊惑跳进大海，奥德修斯为了躲避塞壬的诱惑，把自己的身体绑在桅杆上！"

"这是个好方法。自己绑住手来限制消费！"善雅对诗贤的解释点了点头，表示同意。

"我虽然用自动转账存钱，但还是把钱花在喜欢的游戏上了，这是个让人头疼的问题。"

"试试为游戏消费设定一个上限怎么样？比如一个月最多只花 50 元在游戏上。"看到苦恼的圭贤，在妍说。

"每次在游戏上花钱都要记录吗？"

"对呀。只要到了 50 元，游戏相关的消费项目就全都不看了！我也正在试着坚持那样做。"

冲动消费停止了！
使用信封智慧的金钱管理法

"制订消费计划的时候，我发现按项目分类管理对应的金额似乎也很有帮助。收到零花钱后，我会按照那个月要消费的项目制作信封，并将相应的金额放在对应的信封里。

如果把100元作为零食费，这一个月里就只用信封里的钱买零食吃。每次用的时候，在信封上记下使用金额。零食费用得差不多的时候，就少买点。"在妍平静地分享了自己管理零花钱的方法。

"感觉像闹钟一样？'别花了'闹钟！"宰俊说。

"没错。是给我自己的警告，拿出其他项目的钱来花就会成为负担，所以不能那么做。"

"应该是这样吧。即使是一样的钱，如果加上种类，用在其他地方估计也会成为负担。但是如果像我一样用卡的话，就不能完全按照自己的意愿控制了，这是个陷阱！"听完在妍的故事后圭贤说。

这时善雅好像想起了什么。

"试试在卡上设定好与游戏项目相关的支出最多为50元怎么样？"

"我觉得这是个好主意。最近经常用我名下的家庭卡。希望在卡或手机等快捷支付的系统里

添加新功能，可以按使用项目限制金额。"

"那真是个好主意！每个人都有自己冲动消费的种类嘛，对那些领域加上金额限制吧！"

在妍和善雅说。

"在制订消费计划时，可以开发一个程序，按项目设定限额！"宰俊眨着眼睛喊。

"哇，这里是实时开发程序的实验经济班现场！"景浩兴奋地说。

"我们一起设计吧！我去了解一下程序技术。午饭时间聚在一起，讨论15分钟怎么样？"

有着程序员梦想的宰俊提出这个想法后，同学们都欣然同意了。随后几周，实验经济班的同学们和娜老师每天午饭时间见面讨论，开发了一个可以管理用信用卡消费支出的应用程序——"按使用领域分类的自我控制金融支付系统"（图4-2）和"自动储蓄系统"。

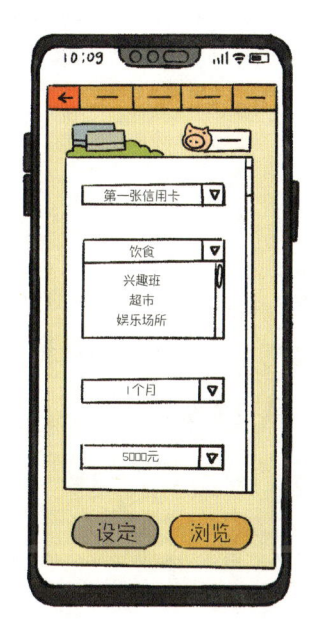

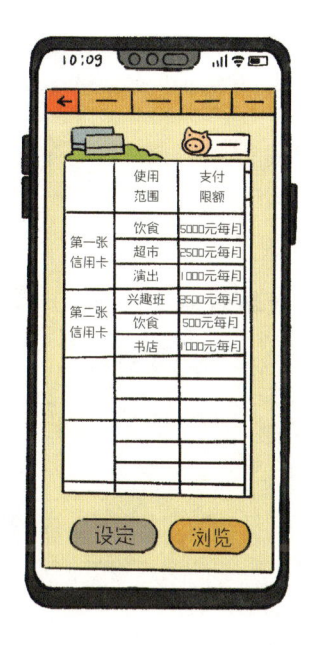

图 4-2　按使用领域分类的自我控制金融支付系统

注：按照消费项目类别设置限额，可以帮助控制出现冲动消费的类目。

数学帮帮忙

* 经济概念：股票，盈利能力，安全性
* 数学概念：方差，分散度，平均值，代表值

Q1. 善雅想攒零花钱，打算投资 A、B 两个公司中的一个。买哪个公司的股票更安全？请参考两个公司股票的投资回报率（表 4-4），了解一下哪只股票更安全。

表 4-4 两个公司股票的季度投资回报率[**]

股票	第一季度	第二季度	第三季度	第四季度
A 公司股票	5%	2%	4%	5%
B 公司股票	10%	−8%	14%	8%

[*] 方差（variance）：一种分散度，表示每种变量（每种数据的值，这里是季度投资回报率）在数据的代表值（平均值）中分散的程度。方差越大，变量与平均值分散程度越高（波动性越大）。

[**] 投资回报率：投资收益与投资资金的比率，投资回报率 = 投资收益 ÷ 投资资金 ×100%。

- -

用条形图（图 4-3）表示两个公司股票的季度投资回报率。

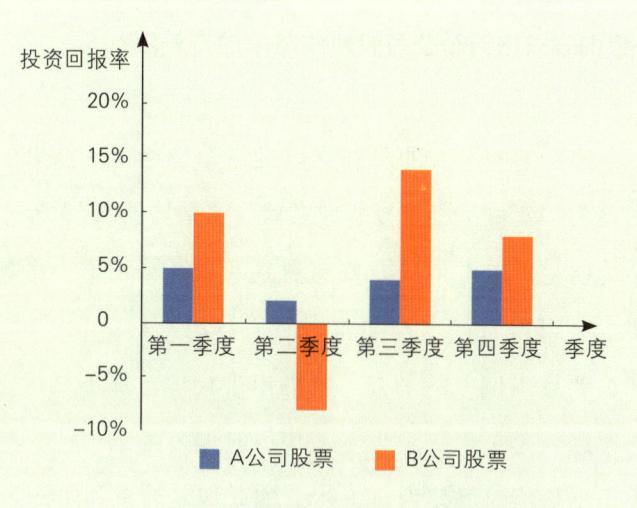

图 4-3　两个公司股票的季度投资回报率

　　从上面的图表可以看出，B 公司股票的投资回报率与 A 公司股票的投资回报率相比，波动幅度较大。也就是说，可能会产生很大的收益，但损失也会更大。相比之下，A 公司股票因为波动幅度小，所以看起来相对安全。不画图表，就没有比较波动性的便捷方法了吗？方差是用数据来表示变量相较平均值分散的程度，所以知道方差的话，比较各公司股票的波动性就会很容易。

Q2. 我们来求出两个公司股票收益率的方差吧？

方差是偏差平方的总和除以变量个数所得的结果。此时偏差为"变量（季度投资收益率）- 平均值"，偏差平方的平均值是方差。但是，要想看到变量在平均值中平均分散多少，可以直接求出偏差，然后算出平均值就可以了，为什么要算出偏差的平方，再得出平均值？那不是很奇怪吗？原因就是：当变量大于平均值时偏差为正（+），当变量小于平均值时偏差为负（-），因此偏差的总和始终为0，平均值也就总是0，所以要把偏差的平方取平均值。要求偏差，我们先算一下两个公司股票收益率的平均值。

A公司股票收益率的平均值 = $\dfrac{5+2+4+5}{4} = 4$（%）

B公司股票收益率的平均值 = $\dfrac{10+(-8)+14+8}{4} = 6$（%）

A公司股票收益率的方差 = $\dfrac{1^2+(-2)^2+0^2+1^2}{4} = 1.5$

B公司股票收益率的方差 = $\dfrac{4^2+(-14)^2+8^2+2^2}{4} = 70$

可以期待的平均收益率是B公司股票更高啊。但是，A

公司股票收益率的分散度为 1.5，B 公司股票收益率的分散度为 70。所以，可以确定，B 公司股票的波动性明显更高，风险更大。

现在如果是你，你想买哪个公司的股票呢？冒着风险，追求高收益的人买 B 公司股票；比起高收益，更想要安全性的人买 A 公司股票。但是在这里一定要记住的是，不管投资什么股票，都有亏损的可能性。没有既能盈利安全性又好的金融资产吗？通常，盈利能力和安全性呈负相关，很难做到利润高，安全性又好。

Q3. 有没有降低股票投资风险的方法？

听过"不要把鸡蛋放在一个篮子里"这句话吗？股票投资也是如此，不要集中投资一只股票，而是要分散投资多只股票，这样可以在一定程度上减少风险。分析各种资料就会发现，金融资产中包含的股票项目数量越多，金融资产利润率的方差就越小。当然，这样做也有减少不了的风险。一旦经济急剧衰退，大部分企业的销售额都会减少，这时利润会减少，股票的收益率也会随之降低。

4

把经济学用起来

通过无人集市,身临其境学习经济原理

有一天,娜老师给实验经济班的同学们发了语音消息,语音中掺杂着阵阵蝉鸣。

← 娜老师

午餐时间我们在社团教室集合吧,我准备了清凉的西瓜!

虽然是临时提议的聚会,但同学们都到齐了。

"我们一边吃凉爽的西瓜,一边想想在社团发布会上做什么好。"娜老师说着,递过来一块切得很大的西瓜。

"像其他社团一样,展示照片怎么样?咱们活动时也拍了很多的照片。"

"用照片做成视频播放,效果也很好!"

"举办义卖怎么样?感觉很有特色。"

"听起来不错呀!可以拿一些不用的东西来卖。"

"没错!部分收益还可以进行捐赠!"

很多同学都支持宰俊,同意举办义卖会。

"义卖?真是个好主意!一想到捐款就觉得这个主意更好了!都有谁赞成?"

娜老师一问,七个人都举手了。

"那你们自己讨论一下如何准备义卖吧,然后告诉我,我也会积极帮忙的。"

娜老师让出了座位,兴奋的孩子们开始大声提出各自的想法。

> 办义卖需要卖东西嘛。下周之前,我们从家里带一些不常用但还不错的东西来吧!

- 我们做点东西卖,好像也不错。
- 好呀!要不要做炒年糕、油炸食品之类的东西卖?
- 做吃的很好呀!我喜欢做饭!
- 但是,学校没有可以做饭的地方。如果事先煮好的话,到时候就凉了,味道好像会变差。
- 做吃的会有隐患,食品卫生上可能也会有问题吧?万一有人吃了我们煮的东西,拉肚子怎么办?

圭贤冷静地提出了法律问题和健康问题,大家都陷入了沉思。

- 做别的东西怎么样?社团发布会那天,家长也会来的!不仅同学们,家长们也可以成为消费者!
- 不要只想着做简单的东西,最好做出对环境友好的再利用(upcycling)产品!
- 嗯?什么是再利用产品?
- 不仅仅是回收不需要的物品,更是变废为宝,使它重新诞生,变成更好的东西!
- 改造成更好的产品?那真是个好主意!
- 我也赞成!下周星期五之前,大家把不用的东西收集起来，从中找出适合再利用的东西怎么样？
好吧，就这么决定了！下周还是在这个地方讨论吧！

再利用，
给无用的东西增加价值

一周过去了，同学们再次聚集在社团教室。大家把这段时间收集的各种东西，从假花这样的装饰品到学习用品、衣服都拿出来放在桌子上。T恤和牛仔裤特别引人注目。

哇，闲置的东西可真多！这圆珠笔完全是新的啊？拿给我用吧。

昌珉，别动！这里收集的东西我们不能拿走，这都是要带去参加义卖的，还要把收入捐赠出去。

没错，几乎全新的东西就可以直接卖掉。有使用痕迹的东西最好做成更好的再利用产品，这样卖出去会更好吧？

看着这些T恤，我想到一个主意！

什么主意？我很好奇。

最近流行复古，用T恤做包怎么样？我姐姐背过很多布包！

我赞成！我们也听听老师的意见吧。

同学们都赞成诗贤的想法，还询问了娜老师的意见。

我也觉得是个好主意！把缝纫机借给你们吧！

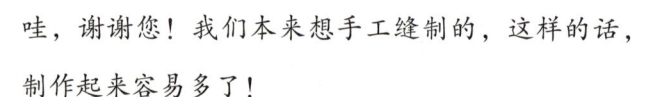

哇，谢谢您！我们本来想手工缝制的，这样的话，制作起来容易多了！

选择什么样的东西来制作呢？

用牛仔裤做包也不错！

可以做包和裙子吗？我看到姐姐用不怎么穿的牛仔裤做裙子，把下面部分剪掉，拆下裤筒再重新缝好。我给你们看照片，做裙子的话会剩下布，可以用来做包！

诗贤果然很有创意！

不过，衣服的尺寸很重要，没有地方可以试穿啊。

嗯，我觉得不受尺寸限制的产品可能会更好。

我们再考虑一下，用我们带来的东西还能做什么。

把创意分享到社团论坛怎么样？

是啊，不管是什么创意都先收集起来！最终通过市场调查再决定做什么。

市场调查？

要知道我们的目标消费者，也就是同学们和家长们喜欢什么，还有他们愿意付多少钱买东西吧！

在妍，这个想法真的很好啊！一周之内想出具体的创意共享到社团论坛吧！我们在评论区交换意见讨论！大家也可以分头向同学和家长征求意见！

一周时间里的社团论坛发帖情况

再利用产品方案选定投票结果（可以重复选择）

用T恤做布包…………… 6 票
用牛仔裤做裙子…………… 1 票
用圆珠笔和假花制作花圆珠笔…… 4 票
用登山服和雨衣做桌布…… 2 票
用T恤、牛仔裤做笔袋…… 2 票

♡ 喜欢 ○ 评论

— 用T恤做笔袋，剩下的布还可以做别的，怎么样？
— 考虑到简单的设计，好像没有太多选择？
　　※ 我也这么觉得！
　　※ 我也是！赞成用边角布制作！
　　※ 我也赞成！

— 除了桌布，单人餐桌垫子怎么样？因为是防水布，所以食物汁液洒出来也很好擦。
　　※ 我们家也经常用餐桌垫子。
　　※ 妈妈、姐姐都说喜欢餐桌垫子。
　　※ 我妈妈也是。

— 裙子很漂亮。听说姐姐也喜欢？
　　※ 裙子腰部的尺寸要合适才行，所以包好像会更好一些。
　　※ 我也觉得包更好。
　　※ 我也是！

从产品研发到捐赠，
制作、销售、分享吧！

一周过去了，同学们再次聚集在实验经济班的教室里。大家看着善雅整理的笔记开始讨论。

> 我们收集了社团论坛的投票和评论意见，决定要进行再利用的产品是布包、笔袋、餐桌垫子、花圆珠笔。按照"产品设计→材料购买→产品制造→定价营销→销售"的顺序准备，怎么样？大家说说各自想负责什么工作吧。

> 我来做产品设计，制作设计样品后会上传到社团论坛，请大家给我意见。

> 谢谢你，诗贤！只有设计完成才能知道需要增加购买什么材料。要制作的产品一共有四个，每个产品都由一个人制作比较好。所以我们需要四个人，谁来做呢？

> 产品一起做比较好，购买材料不是什么难事，我来做就好了，反正在社团活动时间前买回来就行了。

产品设计　→　材料购买　→　产品制造

价格方面，我们可以通过同学和家长进行市场调查，然后一起制定。产品做出来后，大家一起讨论如何营销，谁来销售。哇，这真是太有趣了！

我也同意一起做。除了销售！

嗯？那么，谁来销售呢？

销售没人做的！

尽力做了产品却不去销售吗？那捐款怎么办？

不，我的意思是要做销售的，但我们不要销售员，做"无人销售"。

无人销售？

嗯，就是只陈列商品，贴上价格标签。然后旁边放一个可以装钱的箱子。

你说什么？就这样的话，被拿走了怎么办？

就是要相信消费者的良心。我们不是实验经济班嘛，让我们也试验一下人们的道德观念吧。

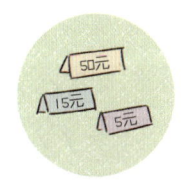

定价营销　　　　销售　　　　捐赠

会很有趣吧？我觉得没什么损失，生产成本也不是很高。

成本很高的！像我这样的高级人才做设计，还有大家的心血也是成本！不过虽然成本很高，我还是赞成试验一下。

很棒！赞成！

我也赞成！

想法不错，但可能会有朋友想买却临时缺钱。我们卖的时候，可以看情况赊账。

这样做好不好？把账本放在箱子旁边。如果钱不够，就在账本上留言吧。写上名字，第二天把钱交给娜老师。

好啊，就这么办！

大家都同意了,就一起准备无人销售吧!

在销售台上写上"收益将捐赠给×××"这样的字样吧!如果被认为是做好事的话,买的人会更多的。

我们不是全额捐款,所以加上"部分"吧。

那就先决定捐赠多少收益,捐赠到哪里吧。百分之五十怎么样?

大家都同意善雅的提议。

捐款到哪里比较好呢?帮助发展中国家儿童的国际组织怎么样?

嗯。但是我们周围也有需要立即帮助的人。不久前听说过,在保育院等福利机构长大的哥哥姐姐们,步入社会工作时,有帮助他们自立的机构。捐到那里怎么样?

同学们通过投票,决定将义卖的收益捐赠给帮助青年自立的机构。

哇,今天收获很多。销售计划都制订好了,现在要开始做真正的产品了!诗贤,快点设计吧!

不知道诗贤是不是熬夜设计,两天后就把设计上传到了社团论坛,每个产品都有两种款式!不过,即使投票也很难最终决定。

产品设计相关论坛公示板

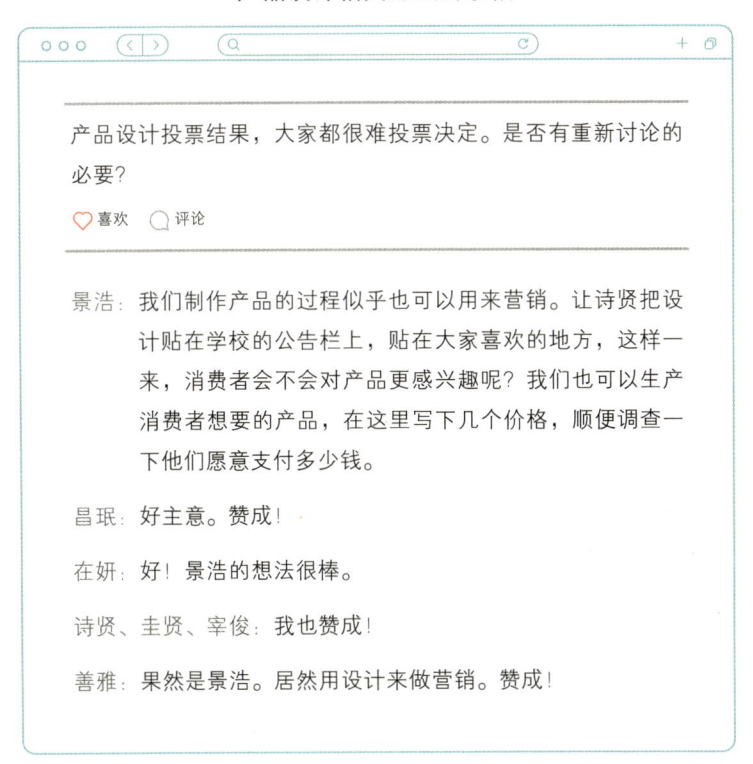

产品设计投票结果,大家都很难投票决定。是否有重新讨论的必要?

♡ 喜欢　💬 评论

景浩:我们制作产品的过程似乎也可以用来营销。让诗贤把设计贴在学校的公告栏上,贴在大家喜欢的地方,这样一来,消费者会不会对产品更感兴趣?我们也可以生产消费者想要的产品,在这里写下几个价格,顺便调查一下他们愿意支付多少钱。

昌珉:好主意。赞成!

在妍:好!景浩的想法很棒。

诗贤、圭贤、宰俊:我也赞成!

善雅:果然是景浩。居然用设计来做营销。赞成!

按照景浩的想法，大家决定在学校公告栏上贴3天海报进行投票。

公告栏上投票反应十分热烈，3天里参加投票的同学超过200人。同学们在走廊里路过时，会看到贴在公告栏上的产品设计，并在喜欢的设计上贴上贴纸，互相讨论。通过消费者的投票，设计被确定了下来，正式进入产品制造环节。

追加的材料有制作笔袋和布包用的拉链、缝纫机，花圆珠笔所需的三种彩色胶带。娜老师提供缝纫机，所以只需要买拉链和胶带。在妍去文具店买了回来，买追加材料的费用为35元，每人分摊了5元。

实验经济班的同学们利用了两次社团活动时间，完成了所有产品。

决定价格，
花圆珠笔要卖多少钱？

现在要定价格了。根据上次消费者意见调查，布包50元，笔袋15元，餐桌垫子5元，花圆珠笔1.5元。布包和笔袋的价格好像不错，但花圆珠笔好像要再考虑一下，彩色胶带价格相当贵，花了 12.5 元，这个价格卖的话，7 个花圆珠笔都卖掉也要损失 2 元。

好吧，那是有点问题。那我们收 10 元吧！

想付 1.5 元左右的消费者很多，如果定在 10 元左右，恐怕就卖不出去了。

那卖 3.5 元怎么样？

价格好像很合适，但最近大家不怎么带硬币，所以可能不方便。5 元吧。卖不出去的话，义卖时间快结束时打折出售吧。

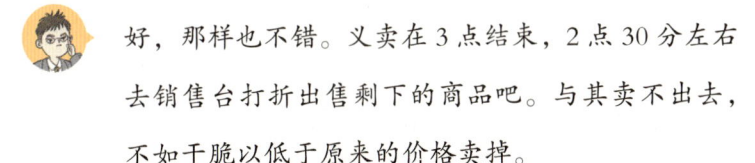

好，那样也不错。义卖在 3 点结束，2 点 30 分左右去销售台打折出售剩下的商品吧。与其卖不出去，不如干脆以低于原来的价格卖掉。

义卖前两天，公告栏上还会有海报进行宣传！只有这样，大家才会事先考虑准备多少钱、买什么东西。

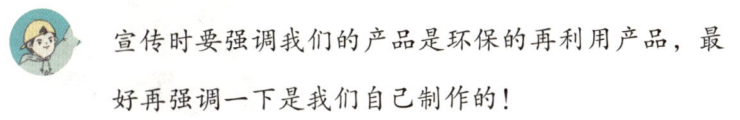

宣传时要强调我们的产品是环保的再利用产品，最好再强调一下是我们自己制作的！

朋友们都赞成景浩和昌珉提出的想法,并根据诗贤的建议,制作了贴在公告栏上的海报。

社团发布会当天早上,实验经济班的朋友们把学校准备的大桌子放在一楼大厅里陈列商品。每个商品都贴上价格标签,还放上了装钱的箱子。箱子旁边还为临时没带钱的同学准备了账本。他们还布置了宣传海报,写着"收益的一半将捐赠给帮助青年自立的机构"字样。

结果义卖大获成功。开始不到两个小时,布包和笔袋都卖完了。到了下午,家长们来时,剩下的餐桌垫子和花圆珠笔也都卖完了。

销售金额总共为450元,账上的赊欠款为50元,比目标金额525元稍差了一点,但几乎达到了。除去材料费35元,剩下的收益是465元!娜老师和同学们以"实验经济

班"的名义捐款250元，剩下的金额买了比萨大家一起分享，结束了这学期的课程。

亲自策划、销售产品，最后成功完成捐赠，实验经济班的同学们脸上写满了激动。

把收益捐出去吧！

保护环境再利用！
请购买自主设计的产品！

环保生态包50元

笔袋15元

花园珠笔5元

餐垫（防水材料）2种各5元

收益的一半将捐赠给帮助青年自立的机构

经济活动真让人满足！

> 经济概念小贴士

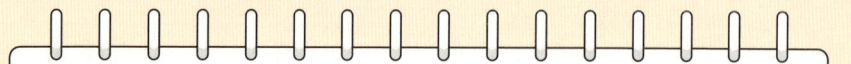

让我们共同学习一下金融术语

（1）收入、支出、所得、消费的关系

收入和所得，支出和消费意思相近？为了在生活中充分理解和应用经济学智慧，我们来整理一下需要掌握的术语（图4-4）。

收入是进来的钱，支出是流出的钱。所得包括以工资形式进来的工作所得、通过生意赚来的生意所得、存款利息或租金等财产所得、国家发放的社会保障费等转移所得。所以，所得也是进来的钱，收入中包含所得的概念。那么，除了所得，还有其他类型的收入吗？从银行借钱是负债，但因为钱进来了，所以也被看作收入。

消费包括在支出中，是指我们购买所需要的东西。除了消费，还有什么支出呢？税金、租金等不属于消费，而是属于支出；还债也不是消费，而是支出。这些被统称为"非消耗性支出"。存款或储蓄呢？就是每月把零花钱的一部分存定期，这也是流出的钱，所以包括在支出中。

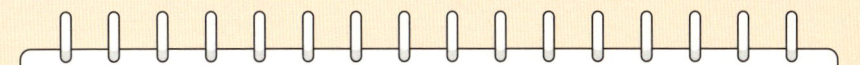

在会计里，收入和支出的数字总是一样的。要根据自己的收入情况来设计收支平衡的支出和储蓄。

收入（进来的钱）
所得
负债
工作所得
生意所得
财产所得
转移所得

支出（流出的钱）
消费支出
买食物
买衣服
买电影票

非消耗性支出
还债
纳税
储蓄

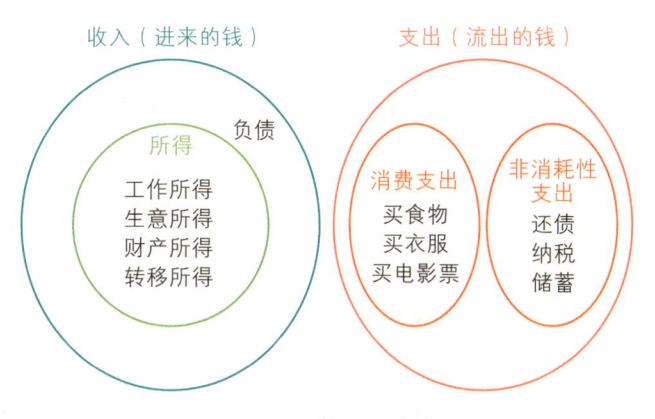

图 4-4　收入和支出

（2）储蓄和投资的含义

储蓄和投资在不同的情况下有着不同的含义。在经济学中，储蓄被定义为"收入-消费"。从收入中减去消费，为未来的消费存下的，就称为"储蓄"。经济学定义的投资则是"为了生产而购买生产资料"，企业为了进行生产活动，购买工厂、机器设备等，以及与生产活动相关的金融交易都属于投资。所以在这种情况下，我们平时谈论的大部分金融交易都不能包含在投资里。

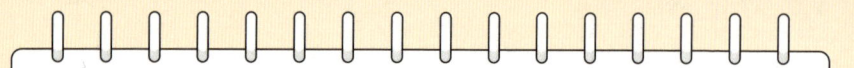

当我们讨论为了未来的消费留下的钱到底是储蓄还是投资时，储蓄和投资的意义是不同的。这时储蓄是指本金有保障的金融交易，投资是指本金有风险，但同时有高收益率预期的金融交易。

在银行存款，虽然收益率低，但能保证本金。有存款保险制度，每一家银行本金和利息加起来最多可以保障250000元的额度。而投资股票的情况则不同，如果购买股票，你就会成为"股东"，拥有公司的一部分，公司用得到的钱去发展，大家得到公司的股份。公司如果得到发展就可以分利润，股票价格也会上升。但公司经营情况变差，股票价格下跌的话，可能会失去本金。如果说风险较小的整存整取和零存整取是储蓄，那么即使有本金损失的风险，但能够期待比这有更高回报率的股票、债券（公司债券）、基金等都是一般意义上所说的投资。

（3）股票和债券的差异

假设一个叫A的朋友开发了最先进的机器人，为了正式开始打拼事业想开公司，需要一笔资金。A对我说："你想投资我的公司吗？如果投资了，就给你公司的所有权。"如果我投资A的公司，A会给我什么证明公司的所有权？这就是股票。如果买了A的公司发行的1%的股票，那么就拥有了该公司

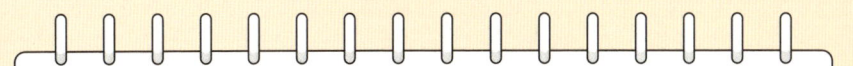

1%的所有权。发行股票的公司则称为"股份公司",拥有股票的人称为"股东"。股东除了拥有自己的所有权,也有公司的决策权。为了决定公司重要的事情,股东聚集在一起称为"股东大会",股东可以参会。

公司产生利润的话,会把一定金额分给股东,这叫作"股息"。股票价格(股价)可能上涨,也可能下跌,所以说有风险。

假设我对A说:"我不想成为公司老板,不管公司经营是否顺利,我都要收回我投资的钱和利息。"这时,A可以以公司的名义发行债券,凭证上写着"A的公司将于××××年×月×日向我偿还本金×元和利息×元"。我买了A的公司的债券,就像最后借钱给该公司一样,决定偿还的日期称为"到期日",如果债券持有到到期日,只要公司不倒闭,就可以收回本金和利息。

一般来说如果是借钱,在决定偿还的日期之前很难收到钱,但债券可以随时买卖。到期前买卖债券时,债券的价格可能会上升,也可能会下降。

购买股票或债券时,要好好查看该公司的财务状况、经营状况和前景等。因为股票价格会随着公司情况上涨下跌,而如果是债券,遇到公司倒闭的情况,可能收不到钱。

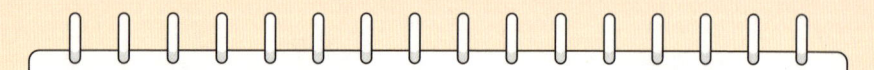

经济用语

- **有价证券**：标明财产权利的证书（可以买卖）。
- **股票**：代表股份公司所有权的有价证券（可以随时买卖）。
- **债券**：国家或公司为借钱而发行的有价证券，到期后本金和利息可以收回（可以随时买卖）。
- **国债**：政府发行的债券。
- **公司债券**：公司发行的债券。
- **基金**：资产运营公司将从投资者那里筹集的资金投入股票和债券等，运营后返还投资者收益的金融产品。
- ETF（Exchange Traded Fund）：交易型开放式指数基金，通常又称为交易所交易基金，是一种能够像股票一样交易的基金，是在交易所上市的金融产品。

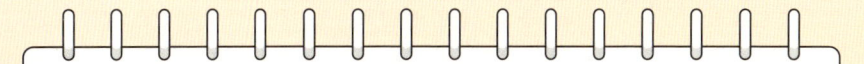

（4）收入和资产的区分

玩 in and out 游戏，收入表示在一段时间内赚的钱。"一段时间"可以按需求定为一个月或是一年等。例如，可以表示为"去年一年内的收入为 20 万元"。而资产则是在某个时间点拥有的钱。例如，2022 年 12 月 1 日，我的资产共计 100 万元。

资产包括了所有持有的货币、房地产、股票、债券等价值，并换算成钱。像收入一样，"在一段时间内"的概念称为"流量"（flow）；像资产一样，"某个时间点"的概念称为"存量"（stock）。

（5）贯穿人生周期的财务设计

消费在人生的过程中不断发生，在特定时期需要用大额资金，但退休后收入会减少很多。我们要考虑未来的情况，在能存到钱的时候，为未来做好准备。这就是为什么要进行适应人生周期的财务设计。

要根据不同时期的优先顺序，制定和实现长短期财务目标。如果能在漫长的人生中持续开辟新的收入途径也很好。

〈 최강의 실험경제반 아이들 - 대한민국 상위 1% 10대들의 특별한 경제 수업 〉
Text copyright © Nayoung Kim 2022
Illustration copyright © Jinyeom Jeong 2022
All rights reserved.
Simple Chinese copyright © 2024 by Guomai Culture & Media Co., Ltd
Simple Chinese language edition arranged with The Angle Books Co., Ltd.
through 韓國連亞國際文化傳播公司(yeona1230@naver.com)

〈 세계시민이 된 실험경제반 아이들 - 대한민국 최상위 10대들의 글로벌 경제 수업 〉
Text copyright © Nayoung Kim 2022
Illustration copyright © Jinyeom Jeong 2022
All rights reserved.
Simple Chinese copyright © 2024 by Guomai Culture & Media Co., Ltd
Simple Chinese language edition arranged with The Angle Books Co., Ltd.
through 韓國連亞國際文化傳播公司(yeona1230@naver.com)

图书在版编目（CIP）数据

少年经济学：全2册 /（韩）金拏咏著；（韩）郑珍
炎绘；杨名译. — 广州：广东经济出版社，2024.11.
ISBN 978-7-5454-9160-9

Ⅰ. F0-49
中国国家版本馆CIP数据核字第20240ZF068号

版权登记号：19-2023-355

策划编辑：吴泽莹
责任编辑：陈　潇　许　璐　黄玥妍
责任校对：陈运苗
责任技编：陆俊帆

少年经济学（全2册）
SHAONIAN JINGJIXUE（QUAN 2 CE）

| 出　版　人：刘卫平
| 出版发行：广东经济出版社（广州市环市东路水荫路11号11～12楼）
| 印　　　刷：天津丰富彩艺印刷有限公司
　　　　　　（天津市宝坻区新开口开发区雪花大道427号）

| 开　　本：880毫米×1230毫米　1/32　　印　张：15.75
| 版　　次：2024年11月第1版　　　　　　印　次：2024年11月第1次
| 书　　号：ISBN 978-7-5454-9160-9　　　字　数：278 千字
| 定　　价：98.00元（全2册）

发行电话：(020) 87393830
广东经济出版社常年法律顾问：胡志海律师
如发现印装质量问题，请与本社联系，本社负责调换
版权所有　·　侵权必究